第一讀本

绍兴市第一中学 编

中国记忆文库

SJPC
上海三联书店

图书在版编目(CIP)数据

第一读本 / 绍兴市第一中学编 . -- 上海：上海三联书店，2017.10
ISBN 978-7-5426-6093-0

Ⅰ.①第… Ⅱ.①绍… Ⅲ.①绍兴市第一中学 – 校友 – 评传 Ⅳ. ①K820.7

中国版本图书馆 CIP 数据核字(2017)第 232393 号

第一读本

编 著 者 / 绍兴市第一中学

中国 · 记忆文库主编 / 方立平

责任编辑 / 方 舟
特约审读 / 周大成
装帧设计 / 方 舟
监 制 / 姚 军
责任校对 / 张大伟
校 对 / 莲 子
统 筹 / 居鼎右

出版发行 / 上海三联书店
(201199) 中国上海市都市路 4855 号 2 座 10 楼
邮购电话 / 021-22895557
印 刷 / 上海普顺印刷包装有限公司

版 次 / 2017 年 10 月第 1 版
印 次 / 2017 年 10 月第 1 次印刷
开 本 / 787 × 1092 1/16
字 数 / 230 千字
印 张 / 11.75
书 号 / ISBN 978-7-5426-6093-0/ G · 1471
定 价 / 38 .00 元

人物时间轴

徐树兰（创办者）

蔡元培（总理）

蒋梦麟（学生）

许寿裳（学生）

杜亚泉（老师）

夏丏尊（学生）

鲁　迅（老师）

陈建功（学生）

1897年3月3日至1899年7月
绍郡中西学堂

1899年8月至1905年12月
绍兴府学堂

1906年2月至1911年5月
绍兴府中学堂

刘大白（老师）

斯　霞（老师）

沈金相（校长）

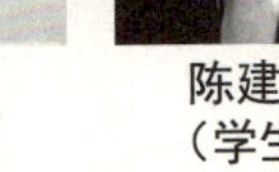
胡鸿烈（学生）

陈桥驿（学生）

陈翰馥（学生）

徐扬生（学生）

叶　军（学生）

劳春燕（学生）

1911年6月至1933年7月
浙江省立第五中学

1933年8月至1938年7月
浙江省立绍兴初级中学

1938年8月至
1941年7月
浙江省立绍兴中学
1941年8月至
1942年1月
浙江省立临中第一部

1942年2月至
1955年3月
浙江省立绍兴中学
1955年4月至
1956年6月
浙江省绍兴中学

1956年7月
至1981年4月
浙江省绍兴第一中学

1981年5月
绍兴市第一中学

目 录

第三单元　星光灿烂出其里

第四单元　令公桃李满天下

第五单元　江山代有才人出

第六单元　春风不改旧时波

《第一读本》编辑委员会

序

陈翰馥

绍兴一中是一所名校，源远流长，名师荟萃，人才辈出，今年又是它诞辰120周年的大庆，可喜可贺！幸运的是，父亲和我分别在1909年和1948年，都曾考入这所学校学习，而且，家父还专门要求我们兄弟几个都回乡来读这所学校，所以，它也是我们父子几个的母校。在这个承前启后的好日子里，我自当先祝母校生日快乐！

一

在中国，无论古今，办学都是一件大事、好事、难事，可尽管千头万绪，最基本的仍然不多，算起来，无外乎办在哪里、由谁来办和培养什么人几个问题，母校的特点和优势也都与它们有关。

我的家乡绍兴是一座拥有2500年历史的文化古城，是著名的水乡、桥乡、酒乡和“名士之乡”，早在母校之前，这里便涌现过一大批彪炳史册的文化名人了，像大禹、王充、王羲之、贺知章、陆游、王阳明、徐渭、张岱、秋瑾、陶成章等，用明代文学大家袁宏道的话来说就是“士比鲫鱼多”，毛主席也曾写下“鉴湖越台名士乡”的诗句。城里边遗存的各种文化古迹，更是被誉为“没有围墙的博物馆”。对母校而言，这种优势既是与生俱来的，也是得天独厚的，正是它们，浸染了每一个一中学子人生的底色。

母校创办的时间，正是千年科举废除的前夜，所以，特别值得一说的，还该有它的创办者和老师。尽管仍笼罩在封建社会夜幕下，徐树兰先生还是坚定地翻开了捐办我国公共图书馆的头一页，并同时捐办了绍郡中西学堂，这所学校就是一中的前身。接着，孑民先生也弃官回绍，出任校长了，他“多元开放、兼容并包”的理念就是这个时候形成的。之后，杜亚泉、徐锡麟、鲁迅、周作人、刘大白等大家也先后前来应聘，共同撑起了一中文化的第一片蓝天。而这些人，同时又是引领新文化运动的领袖，因此，可以这么说，母校的起点，同时也是中国现代文化起点的一部分。当

然,同样不该忘却的岁月,还有在烽火连天的抗战夹缝中,沈金相校长带领全体师生坚持了长达10年多的流亡办学,最终迎来了抗战的胜利。因此,一中走过的路,不光是辉煌的,也是艰辛的,或许正因为这份艰辛和不易,才印证了它的辉煌与特立独行。

培养什么人的问题,从来是教育的根本问题。对它的答案,一中同样是可圈可点的。回顾120年的历程,母校为社会培养了一大批精英,不光科技界有潘家铮、金善宝、许溶烈、徐承恩、沈家骢、毛汉礼、沈士团、徐扬生以及叶军这样的院士,人文界也孕育了像蒋梦麟、夏丏尊、许寿裳、孙伏园、胡愈之、陈桥驿、胡鸿烈、陶文钊等大师,此外,还有一大批社会各界的劳动模范及行尊里手,他们不仅是一中的骄傲,绍兴的骄傲,也是咱们中国的骄傲。今后,随着办学思想进一步明确,核心竞争力进一步凝聚,我相信,会有更多的精英与名流从这里走出。

所有这一切,我想都跟家乡和母校那份深厚的文化底蕴有关。记得爱因斯坦说过这么一句话:"当你把一切东西都忘了后还能留下的那一点,就是教育。"其实,也就是文化。是啊,不论我们走到哪里,也不论我们从事什么职业,母校给我们烙下的这份文化记忆是永远没办法抹去的。

二

那么,这份记忆是怎么来的?当下,又该如何建设与传播呢?这便要求我们进一步思考校园文化的定义以及价值,特别是在这个建校120周年、又再一次乔迁新址所带来的机遇面前。

从大的方面看,所谓校园文化,是为孩子提供一个关于学校办学宗旨、目标以及发展方向的一个价值传播与认同的样本。可以是物质的,比如建筑、园林、雕塑以及墙报、书刊等;也可以是行为的,比如规则与课程系统;还可以是精神的,比如校训与教风、学风、校风。既能形而下,一一落实到景观和行动;也可形而上,逐步提高到理念与精神;校园文化读本则是在这一前提下所创设的一种能融合多种优势为一体、又贴近学校特点的新的传播方式。

从朱校长发过来的样稿看,我觉得这一读本有三个特点:

第一,眼光独到。通过选编有关杰出校友心迹或事迹的文章作为校本课程与教材,让学生在品读中走进先贤,了解校史,感悟底蕴,砥砺自我,从而形成强烈的文化自信和文化自觉。无论从思想传播、还是文化接受看,这都该说是一项很好的创举。

第二,选材精准。从所选的有关20多位杰出校友的文章看,他们不光档次高,成就大,而且分布很广,既有中科院、中国工程院院士,也有人文学界的大师,还不乏社会各界精英，这样选文幅面，自然很好地反映了母校的办学成就，也体现了选编者的眼光。

第三，编排科学。这一点特别可贵。选编者没有简单停留在文选上，而是在此基础上通过“导读”、“注释”、“思考”、“延伸”以及“人物连接”等内容板块，进一步深挖了文章的社会背景和文化内涵，这样就大大拓展了学生的阅读视界与理解深度。

因此，我相信，这一读本一定会取得很好的教育效果。

三

过了 120 周年大庆，母校又将翻开新的一页，特别是搬入新校区之后，新的天地也将会带来新的使命和机遇。其实，重温校史中再多的光荣，也都是为了托起孩子们今天的梦想。

在发来该书样稿的邮件里，朱校长把他们十三五规划的有关内容也发过来让我欣赏，我感到十分荣幸。我对其中的两点特别有感触：

一个是“存古开新，兼容并包”的办学理念，这既包含了他们对传统的继承与认同，也包含了他们面向未来的胆气与决心。

另一个是他们当下的几项改革举措：

> 学校管理：从行政式管理走向课程式管理；学科建设：从全科式发展走向品牌的创建；课堂教学：从“无人”的教学走向“人本”的教学；课程建设：从盲目的建设走向理性的规划。

想来，也只有这样的改革力度，母校才托得起未来“抱定宗旨、砥砺德行、博雅通达”的世界精英。

我真为今天的学弟学妹们感到幸福与自豪。

此外，还有一句话可以当做结尾。把书定名为“第一读本”，是个不错的主意。这个“第一”不仅蕴含了“第一中学”，也象征着它在现代文化史中的起点地位，当然，还是学生进入一中的第一个文化读本，从此，孩子们才真正了解母校，并从母校出发走向诗与远方，其实，我最欣赏的是，里头还潜藏着他们力追世界一流的信心与决心。一个名称里能包容这么丰富的内涵，我喜欢。

是为序。

第一单元

且开风气且为师

导 语

鸦片战争惊醒了中国天朝上国的迷梦，也惊醒了古越大地上的爱国知识分子。甲午战争败于东邻小国的耻辱更是让“卧薪尝胆之乡”的英杰们纷纷行动起来，挽救民族危难。

本单元所列的四篇文章均是学校先贤面对“千古未有之变局”时的所思所感：乡贤徐树兰慷慨解囊，创办了绍兴一中的前身——绍郡中西学堂和中国第一个近代公共图书馆——古越藏书楼，借此开启民智，培养人才。就在古越藏书楼建成开放的当年，徐树兰因操劳过度、心力交瘁，突然一病不起，弥留之际，他邀集乡绅马传煦等，向绍兴官府郑重出示了《为呈明捐建绍郡古越藏书楼恳请奏咨立案事》呈章一本，拳拳爱乡强国之心，溢于言表；曾任学堂校长的蔡元培一生教育之路由此起步，选取的《以美育代宗教》一文阐述了他的重要教育观点，蔡元培一生倡导艺术在国民教育中的重要作用，本文不仅是教育理论的主张，同时也是对当时中国的反思，切切教育兴邦树人之情，至今流芳；鲁迅曾在学堂担任教务主任及博物教员，毕生事业在于审视和拷问国民性，《我要骗人》一文对“真话”与“骗人”困境的描绘和反思，透露出他一贯以来想通过文字将国民改造为现代公民的恳切愿望；同样曾在绍郡中西学堂担任教员的徐锡麟则从历史角度探讨了是非真伪之辨，认为造成当前局势的原因在于百姓被统治者所蛊惑，以致是非不分，真伪不辨，表现出强烈的改革社会改变现实的意图。

以上四人是绍兴一中开创者中的杰出代表，他们的思想不仅开启了当时民智，而且也为古越大地播撒种子。阅读本单元重在梳理观点、理解思想，结合当下实际，从历史语境中汲取营养、批判吸收。

为捐建绍郡古越藏书楼恳请奏咨立案文

徐树兰

内容导读

◆ 此文是徐树兰捐钱修建古越藏书楼时，向绍兴官府提出申请时所写。古越藏书楼是我国图书馆史上最早对公众开放、第一家具有近代公共图书馆特征的藏书楼。

◆ 徐树兰在文中着眼于国家的长远发展，列举了西方国家和日本的例子，说明公众图书馆对开启民智，推动国家富强有着重要的作用。读此文可感受近代中国在西方冲击之下，有识之士们为求国家富强向西方学习的迫切之情。

◆ 徐树兰不仅是古越藏书楼的捐建者，也是绍兴一中前身绍郡中西学堂的创办者。一代乡贤为绍兴的文化教育事业做出了卓越贡献，他的身上体现了中国传统精英强烈的社会责任感，值得后人敬仰。

为呈明捐建绍郡古越藏书楼，恳请奏咨立案事。窃维国势之强弱，系人才之盛衰；人才之盛衰，视学识之博陋。涉猎多则见理明，器识闳①则处事审，是以环球各邦国势盛衰之故，每以识字人数多寡为衡。方今朝廷孜孜求治，迭②奉谕旨，广设学校，此诚育材正本清源之至计也。近来各省府县次第设立学堂，急公好义之士，亦多捐

阅读思考

徐树兰筹办绍郡中西学堂有着怎样的时代背景？

① 闳(hóng)：宏大。

② 迭(dié)：屡次，连着。

资辅助。职前于光绪二十三年筹办绍郡中西学堂，教授学生，每学不过数十人，或百数十人，额有限制，势难广被，而好学之士，半属寒畯①，购书既苦于无资，入学又格于定例，趋向虽殷，讲求无策，坐是孤陋寡闻，无所成就者，不知凡几。伏念高宗纯皇帝②特设文宗、文汇、文澜三阁，备庋③秘籍，津逮④后学。由是江浙人文甲于天下，成效昭然。

泰西各国讲求教育，辄⑤以藏书楼与学堂相辅而行。都会之地，学校既多，又必建楼藏书，资人观览。英、法、俄、德诸国收藏书籍之馆，均不下数百处。伦敦博物院之书楼，藏书之富，甲于环球，一切有用之图书报章，亦均分门藏弆⑥。阅书者通年至十余万人。日本明治维新以来，以旧幕府之红叶山文库，昌平学文库初移为浅草文库，后集诸藩学校书，网罗内外物品，皆移之上野公园，称图书馆，听任众庶观览。其余官私书籍馆亦数十处，藏书皆有数十万卷。一时文学蒸蒸日上，国势日强，良以有也。

阅读延伸
请列举你所知道的世界著名图书馆。

近来东南各省集赀建设藏书楼者亦复接踵而起。绍兴统辖八县，缀学之士，实繁有徒。当此科举更章之际，讲求实学，每学无书。职不揣绵薄，谨捐银八千六百余两，于郡城西偏购地一亩六分，鸠⑦工营造，名曰“古越藏书楼”，以为藏书之所。参酌东西各国规制，拟议章程，以家藏经史大部及一切有用之书，悉数捐入，延聘通人，分门排比，所有近来译本新书以及图书标本，雅驯报章，亦复购备，共用银二万三千五百六十余两。大凡藏书七万余千卷，编目三十五卷。建屋凡四层，前三层皆系高楼，分藏书籍，以中层之厅事为阅书所，桌椅器物皆备，综共

阅读思考
徐树兰所说的“实学”是指什么？徐树兰为什么要捐资建绍郡中西学堂和古越藏书楼？

---

① 寒畯(jùn)：出身寒微而才智杰出的人。

② 高宗纯皇帝：清高宗爱新觉罗·弘历(1711年9月25日—1799年2月7日)，清朝第六位皇帝，入关之后的第四位皇帝，年号“乾隆”，庙号高宗，谥号法天隆运至诚先觉体元立极敷文奋武钦明孝慈神圣纯皇帝。

③ 庋(guǐ)：置放，收藏。

④ 津逮：比喻通过一定的途径而达到或得到。

⑤ 辄(zhé)：总是，就。

⑥ 弆(jǔ)：收藏；保藏。

⑦ 鸠(jiū)：聚集。

用银三万二千九百六十余两。又每年助洋一千元，礼延监督一人，总董其事，司事三人，分司其书。规模粗具，以备合郡人士之观摩，以为府县学堂之辅翼。所需开办经费银三万二千九百六十余两及常年经费每年捐洋一千元，均由职自行捐备。

当此开办之初，事关合郡，自应呈请奏咨立案，以垂永久。所有拟设绍郡古越藏书楼缘由，理合缮具书目，章程，照绘屋图，呈请大公祖大人俯赐察核，奏咨立案施行，实为德便。再职系体念时艰，为造就人才之一助，经费均系自行捐备，应请免造报销，合并声明。除呈明绍兴府县核转备案外，谨呈。计呈章一本，书目六本，楼图一册。

人物链接

徐树兰(1837—1902)

徐树兰，字仲凡，号检庵，生于鸦片战争前夕的清道光十七年(1837)，卒于光绪二十八年(1902)，山阴栖凫人。因父辈经商致富，咸丰年间从栖凫举家迁至府城大坊口、水澄桥等处居住，为清末绍郡徐、李、胡、田四大家之一。

徐树兰自幼聪慧，少负文名，善书画。光绪二年(1876)北闱中举，授兵部郎中、后改任知府，不久因母病回绍兴，不再做官。回乡后，徐树兰以诗书自娱，以购书，印书，藏书为乐。同时致力于地方公益事业。

19世纪末，资产阶级改良主义思潮和由此酿成的戊戌变法维新运动，也波及绍兴，当地的一些乡绅出于救亡图存的爱国之心，也同情和支持改良派的改革主张，徐树兰即是他们中的一个代表。1897年(光绪二十三年)，徐树兰“倡捐巨资，拟借豫仓”，创设了绍郡中西学堂(后改绍兴府学堂)，自任校董，延访中西教习，礼聘督课生徒，开设文学、译学、算学、化学等新学科，每学期招生，少则数十人，多则百余人。1899年，徐树兰聘蔡元培为学堂总理兼总校，对学堂教学作了进一步改革，增设日文、体操、格致等新学科，并创设学堂图书馆——养新书藏。

此后徐树兰又捐银33 960余两，于光绪二十八年(1902年)，在绍兴城古贡院内，创建了古越藏书楼。在古代，特别是明清两朝，绍兴藏书业极为发达，藏书楼棋布林立，徐树兰即是清末享誉浙东的著名藏书家。徐家还自己印书，蔡元培曾于1886年至1900年在徐家校刊图书，存世的“融经馆丛书”等书籍，均为徐氏的家刻本。蔡元培曾自述在徐家校书的这段经历：“徐氏藏书很多，我到徐氏后，不但有读书之乐，亦且有求友的方便。”然而，因封建私有制的关系，旧时藏书家的藏书，是秘而不宣的，除自己的子孙后代可以阅览之外，宁喂蠹鱼也不示人，带有明显的封闭性。徐树兰捐建古越藏书楼后破除这些弊端，将历年来的家藏书籍和为建书楼而新购置的译本、标本、报章，包括反映近代科学体系的中外书籍数十类共7万余卷，全部捐入，同时对外开放。因藏书楼的藏书供公众阅览，藏书的学科范围非常广泛；业务组织机构分工细密，规章制度完善等。因此，国内外图书馆界都一致公认，古越藏书楼是近代中国第一个公共图书馆。后来蔡元培先生为古越藏书楼写了一副名联：“吾越多才由实学，斯楼不朽在藏书。”绍郡中西学堂、绍兴府学堂师生中许多杰出人物的成才与藏书楼的辅翼作用是分不开的。

以美育代宗教说

蔡元培

 内容导读

◆ 蔡元培先生一生提倡美育，强调美学、艺术在国民教育中的重要地位，以自身深厚的国学功底，并对欧洲近现代科学、艺术、哲学、社会学等方面的研究以及多年从事教育的丰富经验，在埋论和实践中积极推动我国艺术教育事业的发展。

◆ 蔡元培先生“以美育代宗教”的观点在我国艺术教育领域有重要的地位，也颇具争议。此观点认为美学、艺术和宗教的关系从依附到并立再到取而代之，是科学进步和社会发展的必然，应提倡“美育”代替宗教，改造社会的弊端陋习。

◆ 这一观点一方面是受西方科学技术、艺术美学思想的熏陶，同时也是对当时中国社会现状的反思。

兄弟于学问界未曾为系统的研究，在学会中本无可以表示之意见。惟既承学会诸君子责以讲演，则以无可如何中，择一于我国有研究价值问题为到会诸君一言，即以“美育代宗教”之说是也。

夫宗教之为物，在彼欧西各国，已为过去问题。盖宗教之内容，现皆经学者以科学的研究解决之矣。吾人游历欧洲，虽见教堂棋布，一般人民亦多入堂礼拜，此则一种历史上之习惯。譬如前清时代之袍褂，在民国本不适用，然因其存积甚多，毁之可惜，则定为乙种礼服而沿用之，未尝不可。又如祝寿、会葬之仪，在学理上了无价值，

然戚友中既以请帖[1]、讣闻[2]相招，势不能不循例参加，借通情愫。欧人之沿习宗教仪式，亦犹是耳。所可怪者，我中国既无欧人此种特别之习惯，乃以彼邦过去之事实作为新知，竟有多人提出讨论。此则由于留学外国之学生，见彼国社会之进化，而误听教士之言，一切归功于宗教，遂欲以基督教劝导国人。而一部分之沿习旧思想者，则承前说而稍变之，以孔子为我国之基督，遂欲组织孔教，奔走呼号，视为今日重要问题。

自兄弟观之，宗教之原始，不外因吾人精神作用而构成。吾人精神上之作用，普通分为三种：一曰知识；二曰意志；三曰感情。最早之宗教，常兼此三作用而有之。盖以吾人当未开化时代，脑力简单，视吾人一身与世界万物，均为一种不可思议之事。生自何来？死将何往？创造之者何人？管理之者何术？凡此种种，皆当时之人所提出之问题，以求解答者也。于是有宗教家勉强解答之。如基督教推本于上帝，印度旧教则归之梵天[3]，我国神话则归之盘古。其他各种现象，亦皆以神道为惟一之理由。此知识作用之附丽于宗教者也。且吾人生而有生存之欲望，由此欲望而发生一种利己之心。其初以为非损人不能利己，故恃强凌弱，掠夺攫取之事，所在多有。其后经验稍多，知利人之不可少，于是有宗教家提倡利他主义。此意志作用之附丽于宗教者也。又如跳舞、唱歌，虽野蛮人亦皆乐此不疲。而对于居室、雕刻、图画等事，虽石器时代之遗迹，皆足以考见其爱美之思想。此皆人情之常，而宗教家利用之以为诱人信仰之方法。于是未开化人之美术，无一不与宗教相关联。此又情感作用之附丽于宗教者也。天演之例，由浑而昼。当时精神作用至为浑沌，遂结合而为宗教。又并无他种学术与之对，故宗教在社

阅读思考

根据文章思考：蔡元培的“以美育代宗教”的“美育”包含哪些内容？

---

① 帖，tiě，此处指小柬、帖子。

② 讣(fù)闻：向亲友报丧的通知，多附有死者的事略。

③ 梵(fàn)天：梵天亦称造书天、婆罗贺摩天、净天，华人地区俗称四面佛(印度佛教中的大梵天王诸神众，特指色界初禅天之主，又称大梵天王)，是印度婆罗门教的创造之神，梵文字母的创制者。与毗湿奴、湿婆并称三主神。

会上遂具有特别之势力焉。

迨后社会文化日渐进步，科学发达，学者遂举古人所谓不可思议者，皆一一解释之以科学。日星之现象，地球之缘起，动植物之分布，人种之差别，皆得以理化、博物、人种、古物诸科学证明之。而宗教家所谓吾人为上帝所创造者，从生物进化论观之，吾人最初之始祖，实为一种极小之动物，后始日渐进化为人耳。此知识作用离宗教而独立之证也。宗教家对于人群之规则，以为神之所定，可以永远不变。然希腊诡辩家，因巡游各地之故，知各民族之所谓道德，往往互相抵触，已怀疑于一成不变之原则。近世学者据生理学、心理学、社会学之公例，以应用于伦理，则知具体之道德不能不随时随地而变迁；而道德之原理则可由种种不同之具体者而归纳以得之；而宗教家之演绎法，全不适用。此意志作用离宗教而独立之证也。

知识、意志两作用，既皆脱离宗教以外，于是宗教所最有密切关系者，惟有情感作用，即所谓美感。凡宗教之建筑，多择山水最胜之处，吾国人所谓天下名山僧占多，即其例也。其间恒有古木名花，传播于诗人之笔，是皆利用自然之美以感人者。其建筑也，恒有峻秀之塔，崇闳幽邃之殿堂，饰以精致之造像，瑰丽之壁画，构成黯淡之光线，佐以微妙之音乐。赞美者必有著名之歌词，演说者必有雄辩之素养，凡此种种，皆为美术作用，故能引人入胜。苟举以上种种设施而屏弃之，恐无能为役矣。然而美术之进化史，实亦有脱离宗教之趋势。例如吾国南北朝著名之建筑，则伽蓝[①]耳。其雕刻则造像耳。图画，则佛像及地狱变相之属为多。文学之一部分，亦与佛教为缘。而唐以后诗文，遂多以风景人情世事为对象。宋元以后之图画，多写山水花鸟等自然之美。周以前之鼎彝[②]，皆

① 伽(qié)蓝：伽蓝来自于梵语的“samghārama”，也音译作“僧伽蓝摩”“僧伽蓝”。“僧伽”(samgha)指僧团；“阿蓝摩”(ārama)义为“园”，原意是指僧众共住的园林，即寺院。初期的伽蓝以供奉佛陀的建筑为主体构成，而后来佛殿逐渐成为寺院的主体建筑。

② 鼎彝(yí)：鼎彝，亦作“鼎彝”。古代祭器，上面多刻着表彰有功人物的文字。

用诸祭祀。汉唐之吉金[1]，宋元以来之名瓷，则专供[2]把玩。野蛮时代之跳舞，专以娱神，而今则以之自娱。欧洲中古时代留遗之建筑，其最著者率为教堂。其雕刻图画之资料，多取诸新旧约；其音乐，则附丽于赞美歌；其演剧，亦排演耶稣故事，与我国旧剧"目连救母"[3]相类。及文艺复兴以后，各种美术渐离宗教而尚人文。至于今日，宏丽之建筑多为学校、剧院、博物院。而新设之教堂，有美学上价值者，几无可指数。其他美术，亦多取资于自然现象及社会状态。于是以美育论，已有与宗教分合之两派。以此两派相较，美育之附丽于宗教者，常受宗教之累，失其陶养之作用，而转以激刺感情。盖无论何等宗教，无不有扩张己教、攻击异教之条件。回教之谟罕默德，左手持《可兰经》[4]，而右手持剑，不从其教者杀之。基督教与回教冲突，而有十字军之战，几及百年。基督教中又有新旧教之战，亦亘数十年之久。至佛教之圆通，非他教所能及。而学佛者苟有拘牵教义之成见，则崇拜舍利[5]受持经忏之陋习，虽通人亦肯为之。甚至为护法起见，不惜于共和时代，附和帝制。宗教之为累，一至于此。皆激刺感情之作用为之也。

鉴激刺感情之弊，而专尚陶养感情之术，则莫如舍宗教而易以纯粹之美育。纯粹之美育，所以陶养吾人之感情，使有高尚纯洁之习惯，而使人我之见、利己损人之思念，以渐消沮者也。盖以美为普遍性，决无人我差别之见能参入其中。食物之入我口者，不能兼果他人之腹；衣服之在我身者，不能兼供他人之温，以其非普遍性也。美则

---

① 吉金：古代鼎彝等古器物。古以祭祀为吉礼，故称铜铸之祭器为"吉金"。以后作为钟鼎彝器的统称，清代著录古器之书，多称"吉金录"。一说，古指适于铸造各种鼎彝器的金属。

② 供，gōng。

③ 目连救母：佛教故事，最早见于东汉初由印度传入我国的《佛说盂兰盆经》。故事叙述佛陀弟子目连拯救亡母出地狱的事。在中国流传甚广，曾经是无数图画及戏曲的题材。

④ 《可兰经》：又名《古兰经》，伊斯兰教的经典，是穆罕默德归真后由继承人欧斯曼莱等人收集后抄录的定本。共30卷、114章、6236节。

⑤ 舍(shè)利：舍利是梵语śarīra的音译，是印度人死后身体的总称。在佛教中，僧人死后所遗留的头发、骨骼、骨灰等，均称为舍利；在火化后，所产生的结晶体，则称为舍利子或坚固子。

不然。即如北京左近之西山，我游之，人亦游之；我无损于人，人亦无损于我也。隔千里兮共明月，我与人均不得而私之。中央公园之花石，农事试验场之水木，人人得而赏之。埃及之金字塔、希腊之神祠、罗马之剧场，瞻望赏叹者若干人，且历若干年，而价值如故。各国之博物院，无不公开者，即私人收藏之珍品，亦时供同志之赏览。各地方之音乐会、演剧场，均以容多数人为快。所谓独乐乐不如众乐乐，与寡乐乐不如与众乐乐，以齐宣王之惛①，尚能承认之，美之为普遍性可知矣。且美之批评，虽间亦因人而异，然不曰是于我为美，而曰是为美，是亦以普遍性为标准之一证也。

美以普遍性之故，不复有人我之关系，遂亦不能有利害之关系。马牛，人之所利用者，而戴嵩②所画之牛，韩干③所画之马，决无对之而作服乘之想者。狮虎，人之所畏也，而卢沟桥之石狮，神虎桥之石虎，决无对之而生搏噬之恐者。植物之花，所以成实也，而吾人赏花，决非作果实可食之想。善歌之鸟，恒非食品。灿烂之蛇，多含毒液。而以审美之观念对之，其价值自若。美色，人之所好也，对希腊之裸像，决不敢作龙阳之想④。对拉飞尔⑤若鲁滨司之裸体画，决不敢有周昉⑥秘戏图之想。盖美之超绝实际也如是。且于普通之美以外，就特别之美而观察之，则其义益显。例如崇闳之美，有至大至刚两种。至大

---

① 惛，hūn，古同“昏”，迷乱；糊涂。

② 戴嵩：生卒年不详，唐代画家。韩滉弟子，韩滉镇守浙西时，嵩为巡官。擅画田家、川原之景，画水牛尤为著名，后人谓得“野性筋骨之妙”。传世作品有《斗牛图》。

③ 韩干（约 706—783），唐代画家，以画马著称，蓝田（今陕西蓝田县）人。

④ 龙阳之想：大致类似于“龙阳之好”。这一典故出自《战国策·魏策》中魏王与龙阳君的一段记载。后来被广泛衍用于指代男子间的同性恋，亦作“龙阳之兴”，和“断袖”或断袖之癖，“龙阳”，“分桃”等均指代男子对同性的爱好，后期因李安导演的《断背山》也被称为断背。

⑤ 拉飞尔：即拉斐尔（Raphael），意大利著名画家，也是“文艺复兴后三杰”中最年轻的一位，代表了文艺复兴时期艺术家从事理想美的事业所能达到的巅峰。代表作有《西斯廷圣母》等。

⑥ 周昉（fǎng）（公元 8 世纪—9 世纪初），唐代著名画家，字仲朗、景玄，京兆（今陕西西安）人，生卒年不详。出身显贵，先后任越州、宣州长史。能书，擅画人物、佛像，尤其擅长画贵族妇女，容貌端庄，体态丰肥，色彩柔丽，为当时宫廷士大夫所喜爱。他是中唐时期继吴道子之后而起的重要人物画家。是当时有名的宗教画家兼人物画家。传世作品有《簪花仕女图》卷、《挥扇仕女图》卷、《调琴啜茗图》卷等。

者如吾人在大海中，惟见天水相连，茫无涯涘[1]。又如夜中仰数恒星，知一星为一世界，而不能得其止境，顿觉吾身之小虽微尘不足以喻，而不知何者为所有，其至刚者，如疾风震霆、覆舟倾屋、洪水横流、火山喷薄，虽拔山盖世之气力，亦无所施，而不知何者为好胜。夫所谓大也、刚也，皆对待之名也。今既自以为无大之可言，无刚之可恃，则且忽然超出乎对待之境，而与前所谓至大至刚者肸[2]合而为一体，其愉快遂无限量。当斯时也，又岂尚有利害得丧之见能参入其间耶！其他美育中如悲剧之美，以其能破除吾人贪恋幸福之思想。《小雅》之怨悱，屈子之离忧，均能特别感人。《西厢记》若终于崔、张团圆，则平淡无奇，惟如原本之终于草桥一梦，始足发人深省。《石头记》若如《红楼后梦》等，必使宝、黛成婚，则此书可以不作；原本之所以动人者，正以宝、黛之结果一死一亡，与吾人之所谓幸福全然相反也。又如滑稽之美，以不与事实相应为条件。如人物之状态，各部分互有比例。而滑稽画中之人物，则故使一部分特别长大或特别短小。作诗则故为不谐之声调，用字则取资于同音异义者。方朔割肉以遗细君，不自责而反自夸。优旃谏漆城，不言其无益，而反谓漆城荡荡，寇来不得上，皆与实际不相容，故令人失笑耳。要之，美学之中，其大别为都丽之美、崇闳之美（日本人译言优美、壮美）。而附丽于崇闳之悲剧，附丽于都丽之滑稽，皆足以破人我之见，去利害得失之计较，则其所以陶养性灵，使之日进于高尚者，固已足矣。又何取乎侈[3]言阴骘[4]、攻击异派之宗教，以激刺人心，而使之渐丧其纯粹之美感为耶。

（1917 年 4 月 8 日，在北京神州学会演说词。
选自《蔡元培全集》，中华书局，1984 年版）

阅读延伸

有人认为，“以美育代宗教”在我国的提出，在一定程度上与欧洲 15 世纪的“文艺复兴”有相似之处。你如何理解这一观点？

---

① 涘，sì，水边。
② 肸，xī，散布、传播。
③ 侈，chǐ，浪费，夸大，邪行，放肆，大。
④ 骘，zhì。

人物链接

蔡元培(1868—1940)

蔡元培，字鹤卿，又字仲申、民友、孑民，乳名阿培，并曾化名蔡振、周子余，汉族，浙江绍兴山阴县(今浙江绍兴)人，原籍浙江诸暨。民主革命家、教育家、政治家。民主进步人士，国民党中央执委、国民政府委员兼监察院院长。

1898年冬，戊戌变法失败后，在京城任翰林院编修的蔡元培(孑民)认定清廷政治改良无望，乃弃官回绍，应聘出任绍郡中西学堂总理(校长)。蔡氏视事之初，即规划创立"养新书藏"图书室，手订借书略例15条，并在尚无学制可循的情况下，因材施教，按学生年龄及国学程度分级授课。蔡元培招揽"极一时之选"的教员，力排守旧旧势力的阻挠和干扰，积极推进新式教育:购置科学仪器，改革课程设置，自编教材课本，先后增设日文、体操、测绘、物理化学等课，并率先引进外籍教员。在蔡元培的主持下，绍兴府学堂经革新成为清末国内新式学堂的佼佼者之一。

1900年秋，蔡元培因不满于守旧派的反对和校董的干涉，愤而辞职。

他早年参加反清朝帝制的斗争，民国初年主持制定了中国近代高等教育的第一个法令——《大学令》。系中华民国首任教育总长，1916年至1927年任北京大学校长，革新北大开"学术"与"自由"之风;1920年至1930年，蔡元培同时兼任中法大学校长。

北伐时期，国民政府定都南京后，他主持教育行政委员会、筹设并主持中华民国大学院及中央研究院，主导教育及学术体制改革。

1927年参与发起"护国救党运动"，认为应当清党但反对杀人。

1928年至1940年专任中央研究院院长，贯彻对学术研究的主张。蔡元培数度赴德国和法国留学、考察，研究哲学、文学、美学、心理学和文化史，为他致力于改革封建教育奠定思想理论基础。

1933年，蔡元培倡议创建国立中央博物院，并亲自兼任第一届理事会理事长。

1940年3月5日在香港病逝。葬香港仔山巅华人公墓。

我 要 骗 人

鲁 迅

内容导读

◆ 鲁迅先生以中国特有的水灾为背景，以他“骗”纯真的小女孩这件事为叙事线索，使我们深感启发：一个人要说真话固然很难，但是，能够像鲁迅这样正视自己时时刻刻不得不说假话的困境，这需要更大的勇气。

◆ 我们每一个人时时刻刻都面临着以上这样一个两难的选择，事实上我们每个人时时刻刻都在那里说假话。但是有谁像鲁迅这样敢于正视自己，渴望着说真话，但是又不能不说假话、不能不骗人的这样一种深层的困境，有几个人敢于正视这一点？

◆ 当你做了一件好事，却无形中成了加剧社会向恶性方向发展的帮凶。这个时候，你应该回过头来读读鲁迅先生这篇文章。

疲劳到没有法子的时候，也偶然佩服了超出现世的作家，要模仿一下来试试。然而不成功。超然的心，是得像贝类一样，外面非有壳不可的。而且还得有清水。浅间山①边，倘是客店，那一定是有的罢，但我想，却未必有去造“象牙之塔”的人的。

为了希求心的暂时的平安，作为穷余的一策，我近来发明了别样的方法了，这就是骗人。

去年的秋天或是冬天，日本的一个水兵，在闸北被暗

① 浅间山，日本的火山，过去常有人去投火山口自杀；它也是游览地区，山下设有旅馆等。

杀了[①]。忽然有了许多搬家的人，汽车租钱之类，都贵了好几倍。搬家的自然是中国人，外国人是很有趣似的站在马路旁边看。我也常常去看的。一到夜里，非常之冷静，再没有卖食物的小商人了，只听得有时从远处传来着犬吠。然而过了两三天，搬家好像被禁止了。警察拚死命的在殴打那些拉着行李的大车夫和洋车夫，日本的报章[②]，中国的报章，都异口同声的对于搬了家的人们给了一个“愚民”的徽号。这意思就是说，其实是天下太平的，只因为有这样的“愚民”，所以把颇好的天下，弄得乱七八糟了。

我自始至终没有动，并未加入“愚民”这一伙里。但这并非为了聪明，却只因为懒惰。也曾陷在五年前的正月的上海战争[③]——日本那一面，好像是喜欢称为“事变”似的——的火线下，而且自由早被剥夺[④]，夺了我的自由的权力者，又拿着这飞上空中了，所以无论跑到那里去，都是一个样。中国的人民是多疑的。无论那一国人，都指这为可笑的缺点。然而怀疑并不是缺点。总是疑，而并不下断语，这才是缺点。我是中国人，所以深知道这秘密。其实，是在下着断语的，而这断语，乃是：到底还是不可信。但后来的事实，却大抵证明了这断语的的确。中国人不疑自己的多疑。所以我的没有搬家，也并不是因为怀着天下太平的确信，说到底，仍不过为了无论那里都一样的危险的缘故。五年以前翻阅报章，看见过所记的孩子的死尸的数目之多，和从不见有记着交换俘虏的事，至今想起来，也还是非常悲痛的。

虐待搬家人，殴打车夫，还是极小的事情。中国的人民，是常用自己的血，去洗权力者的手，使他又变成洁净

阅读思考

作者在文中说“我自始至终没有动，并未加入‘愚民’这一伙里。但这并非为了聪明，却只因为懒惰。”。结合鲁迅另一篇文章《聪明人和傻子和奴才》思考：作者这句话当中的“聪明”如何理解？

① 指1935年11月9日晚日本水兵中山秀雄在上海窦乐安路被暗杀。当时日本侵略者曾借此进行威胁要挟。

② 日本的报章，指当时在上海发行的日文报纸。

③ 上海战争，指1932年的“一·二八”战争。当时作者的住所临近战区。

④ 自由早被剥夺，指作者被通缉的事。1930年2月作者参加发起中国自由运动大同盟，国民党浙江省党部即呈请国民党中央通缉“堕落文人鲁迅”。

的人物的，现在单是这模样就完事，总算好得很。

但当大家正在搬家的时候，我也没有整天站在路旁看热闹，或者坐在家里读世界文学史之类的心思。走远一点，到电影院里散闷去。一到那里，可真是天下太平了。这就是大家搬家去住的处所①。我刚要跨进大门，被一个十二三岁的女孩子捉住了。是小学生，在募集水灾的捐款，因为冷，连鼻子尖也冻得通红。我说没有零钱，她就用眼睛表示了非常的失望。我觉得对不起人，就带她进了电影院，买过门票之后，付给她一块钱。她这回是非常高兴了，称赞我道，“你是好人”，还写给我一张收条。只要拿着这收条，就无论到那里，都没有再出捐款的必要。于是我，就是所谓“好人”，也轻松的走进里面了。

看了什么电影呢？现在已经丝毫也记不起。总之，大约不外乎一个英国人，为着祖国，征服了印度的残酷的酋长，或者一个美国人，到亚非利加去，发了大财，和绝世的美人结婚之类罢。这样的消遣了一些时光，傍晚回家，又走进了静悄悄的环境。听到远地里的犬吠声。女孩子的满足的表情的相貌，又在眼前出现，自己觉得做了好事情了，但心情又立刻不舒服起来，好像嚼了肥皂或者什么一样。

诚然，两三年前，是有过非常的水灾的，这大水和日本的不同，几个月或半年都不退。但我又知道，中国有着叫作“水利局”的机关，每年从人民收着税钱，在办事。但反而出了这样的大水了。我又知道，有一个团体演了戏来筹钱，因为后来只有二十几元，衙门就发怒不肯要。连被水灾所害的难民成群的跑到安全之处来，说是有害治安，就用机关枪去扫射的话也都听到过。恐怕早已统统死掉了罢。然而孩子们不知道，还在拚命的替死人募集生活费，募不到，就失望，募到手，就喜欢。而其实，一块来钱，是连给水利局的老爷买一天的烟卷也不够的。我明明知道着，却好像也相信款子真会到灾民的手里似的，

阅读思考

文章中，作者并不想捐那一块钱。既不是因为他没钱，也不是因为他不愿意帮助别人。但是在他第一眼看到这个女孩的时候他不是在第一时间就给了这一块钱，而是说他没有钱。后来看到这个小姑娘很失望他才给了钱。那么，“我”为什么最终要“骗人”？

① 指当时上海的“租界”地区。

付了一块钱。实则不过买了这天真烂漫的孩子的欢喜罢了。我不爱看人们的失望的样子。

倘使我那八十岁的母亲，问我天国是否真有，我大约是会毫不踌躕，答道真有的罢。

然而这一天的后来的心情却不舒服。好像是又以为孩子和老人不同，骗她是不应该似的，想写一封公开信，说明自己的本心，去消释误解，但又想到横竖没有发表之处，于是中止了，时候已是夜里十二点钟。到门外去看了一下。

已经连人影子也看不见。只在一家的檐下，有一个卖馄饨[①]的，在和两个警察谈闲天。这是一个平时不大看见的特别穷苦的肩贩，存着的材料多得很，可见他并无生意。用两角钱买了两碗，和我的女人两个人分吃了。算是给他赚一点钱。

庄子曾经说过："干下去的（曾经积水的）车辙里的鲋鱼，彼此用唾沫相湿，用湿气相嘘，"——然而他又说，"倒不如在江湖里，大家互相忘却的好。"[②]

可悲的是我们不能互相忘却。而我，却愈加恣意的骗起人来了。如果这骗人的学问不毕业，或者不中止，恐怕是写不出圆满的文章来的。

但不幸而在既未卒业，又未中止之际，遇到山本社长[③]了。因为要我写一点什么，就在礼仪上，答道"可以的"。因为说过"可以"，就应该写出来，不要使他失望，然而，到底也还是写了骗人的文章。

写着这样的文章，也不是怎么舒服的心地。要说的话多得很，但得等候"中日亲善"更加增进的时光。不久之后，恐怕那"亲善"的程度，竟会到在我们中国，认为排日即国贼——因为说是共产党利用了排日的口号，使中

阅读思考

现实当中就是存在着各种矛盾，而这种矛盾有时候却可以成为检验一个人人性强度的试金石。日常生活中也出现诸如爱心捐款最终沦为商业炒作的新闻，结合鲁迅这篇文章中"骗人"的理论，你如何看待以下现象：目前我们所处的这个社会结构，哪怕是一些热血青年想把自己投进去，想去捐款，在大街上看待乞丐愿意伸出援助之手帮助他们，可最后你努力的结果却是强化这种矛盾的社会结构，而非削弱它。

① 馄饨，hún tun。

② 庄子（约前369—前286），名周，战国时宋国人，道家学派代表人物之一。他的著作流传至今的有后人所编的《庄子》三十三篇，其中《大宗师》和《天运》篇中都有这样的话："泉涸，鱼相与处于陆，相呴以湿，相濡以沫，不如（《天运》篇作'不若'）相忘于江湖。""涸辙之鲋"，另见《庄子·外物》篇。

③ 山本社长，山本实彦（1885—1952），当时日本《改造》杂志社社长。

国灭亡的缘故——而到处的断头台上，都闪烁着太阳的圆圈[①]的罢，但即使到了这样子，也还不是披沥真实的心的时光。

单是自己一个人的过虑也说不定：要彼此看见和了解真实的心，倘能用了笔，舌，或者如宗教家之所谓眼泪洗明了眼睛那样的便当的方法，那固然是非常之好的，然而这样便宜事，恐怕世界上也很少有。这是可以悲哀的。一面写着漫无条理的文章，一面又觉得对不起热心的读者了。

临末，用血写添几句个人的豫感，算是一个答礼罢。

二月二十三日。

（摘自《且介亭杂文末编》。本篇最初发表于 1936 年 4 月号日本《改造》月刊。原稿为日文，后由作者译成中文，发表于 1936 年 6 月上海《文学丛报》月刊第三期。在《改造》发表时，第四段中“上海”“死尸”“俘虏”等词及第十五段中“太阳的圆圈”一语，都被删去。《文学丛报》发表时经作者补入，该刊编者在《编后》中曾有说明。）

人物链接

鲁迅（1881—1936）

鲁迅（1881—1936），原名周樟寿，后改名周树人，字豫山，后改豫才，“鲁迅”是他 1918 年发表《狂人日记》时所用的笔名，也是他影响最为广泛的笔名，浙江绍兴人。著名文学家、思想家，五四新文化运动的重要参与者，中国现代文学的奠基人。毛泽东曾评价：“鲁迅的方向，就是中华民族新文化的方向。”

1881 年 9 月 25 日，生于浙江绍兴城内东昌坊新台门周家。1893 年，祖父周介孚因事下狱，父周伯宜又抱重病，家道中落。全家曾避难于

① 太阳的圆圈，指日本的国旗。

乡下，他每每为父亲出入于质铺及药店，遭人冷眼。后来父亲去世。家境益艰。于本年开始写日记。此后，家族开会分房分田，分给鲁迅他们的既差且小，鲁迅拒绝签字遭到族叔祖斥责，倍感世态炎凉。1898年4月，入南京江南水师学堂，改名周树人。1899年转入江南陆师学堂附设矿务铁路学堂，学开矿。这期间接触了赫胥黎的《天演论》，对他以后的思想具有一定影响。1902年3月公费赴日本留学。1903年剪辫。课余喜读哲学与文艺书，尤注意人性及国民性问题。1904年入仙台医学专门学校习医。1906年1月，课间观“日俄战争时事片”，深受刺激，决定弃医从文。1908年从章太炎先生学习，为“光复会”会员。1909年8月，归国，任杭州浙江两级师范学堂生理学和化学教员兼任日本教员铃木珪寿的植物学翻译。1910年(清宣统二年)9月，周树人(鲁迅)由浙江两级师范学堂来校任监学(教务主任)兼博物教员一年。周氏提倡“读活书”，主张接触社会实际，注重实验实习，组织师生赴南京参观南洋劝业会，带领学生去野外采集博物标本；辛亥革命期间，组织学生武装演说队上街宣传，并亲率学生集队出城欢迎王金发部光复绍兴。

1911年，写了第一篇小说《怀旧》。

民国元年(1912年)，临时政府成立于南京，应教育总长蔡元培之邀，任教育部社会教育司第一科科长。八月任命为教育部佥事。从本年起至1917年，他大量抄古碑，辑录金石碑帖，校对古籍，其中也对佛教思想进行了一定的研究。1918年1月，参加《新青年》改组，任编委。

民国七年(1918年)5月，以鲁迅为笔名发表中国现代文学史上第一篇用现代体式创作的白话短篇小说《狂人日记》，载在《新青年》第四卷第五号。1923年8月，小说集《呐喊》出版。1924年11月，《语丝》周刊出版，鲁迅在首期发表《论雷峰塔的倒掉》，自此鲁迅成为《语丝》作家群的主将之一。1925年，“女师大风潮”进一步升级，鲁迅因支持进步学生正义斗争被教育总长章士钊免去佥事职务。1926年3月，“三·一八惨案”发生。4月，鲁迅作《死地》《记念刘和珍君》等抨击段祺瑞政府屠杀学生的罪行，遭追捕，避难于山本医院。避难期间笔耕不辍。8月，《彷徨》出版，赴厦门大学任国文系教授。12月辞职。1927年1月赴中山大学任教。4月1日，赴黄埔军校发表演讲《革命时代的文学》。12日，“四·一二反革命政变”发生，29日，营救进步学生无果愤然辞职。8月，发表《魏晋风度及文章与药及酒之关系》。10月，定居上海。12月，与梁实秋等人就“第三种人”“自由人”发生论争，双方争论持久，影响巨大。1928年春，参加中国革命互济会。本年，与创造社、太阳社大部分成员就“革命文学”问题展开论争。是年开始大量搜集马克思主义著作，并为之翻译。同时开始提倡革命美术，倡导现代木刻运动。1929年9月27日，许广平生子，鲁迅为其取名“周海婴”。年底，与冯雪峰多次磋商组建“中国左翼作家联盟”。1930年2月,中国自由运动大同盟成立,为发起人之一。3月2日,出席中国左翼作家联盟成立大会,被选为常务委员,作《对于左翼作家联盟的意见》演讲。1933年1月,蔡元培函邀加入“中国民权保障同盟”,被举为执行委员。2月17日,蔡元培函邀赴宋庆龄宅,欢迎萧伯纳。作《为了忘却的纪念》怀念柔石。1936年1月,肩及肋骨皆出现剧痛,最后的创新之作《故事新编》出版。5月15日再发病,医生诊断胃疾,自后发热未愈,31日,史沫特莱女士引美国邓医生来诊断,情况不乐观。6月,身体略有好转,鲁迅及身边的人都认为“鲁迅先生好了”。10月17日旧病复发,于19日晨5时25分逝世。

言伪而辩、学非而博以疑众论[①]

［清］徐锡麟

19 世纪末 20 世纪初的中国大清王朝，日薄西山，统治风雨飘摇，吏治腐败，丧权辱国，完全沦为洋人的朝廷。封建社会已走向晚期，腐败不堪，命不久矣。但封建统治者并未认识到自己的命数，假借儒家思想为自己辩护，蛊惑人心。徐锡麟深刻意识到该问题的严重性，从历史角度探讨了是非真伪之辨，认为造成当前局势的原因在于百姓被统治者所蛊惑，是非不分，真伪不辨，即"言伪而辩、学非而博以疑众"。宣称定要将此蛊惑人心之人杀死方能人心安定，天下太平。

言伪[②]者自为伪，而天下未有不恶其言之伪者也，学非者自为非，而天下未有不斥其学之非者也。是故伪之乱真也，不自为伪而为真；非之淆是也，不自为非而为是。

伪者以不伪为伪，非者以不非为非，而又恐天下之目[③]为伪、目为非，则以辩博谅[④]天下。而天下之惑其言者，非惑于伪也，惑于辩也；天下之好其学者，非好为非也，好为博也。迨[⑤]至习染既深，天性日漓[⑥]，邪说日炽[⑦]，群焉[⑧]

① 选自《徐锡麟集》，徐锡麟著，徐乃常编，中国文史出版社，1993 年 5 月第 1 版。

② 伪：非正统的，虚假的。

③ 目：条目，纲目。

④ 谅：使……相信。

⑤ 迨：等到。

⑥ 漓（lí）：薄，此处意思为消减、泯灭。

⑦ 炽（chì）：势盛。

⑧ 焉：乃，则。

不知其为伪为非，民心由是变，风俗由是坏。嗟呼！圣人之正言正学，则几如长夜矣。

然则言伪不足患，言伪而辩[①]乃足患；学非不足忧，学非而博[②]，乃足忧。故不仁不义之言祸犹小，而假[③]仁假义之言祸实大，不忠不孝之学害犹浅，而假忠假孝之学害实深。此王制所以斥其疑众，不听而杀者也。

尝综古今之大势论之，帝王之御[④]众也，典分为二[⑤]，谟列三[⑥]，言简而赅，所以防伪也。危微之旨精一一理，学约而密，所以杜非也。由唐而虞，由虞而夏，由夏而商周，列圣相承，异言异学[⑦]，不得争鸣。降及春秋，学非似是，称闻人者，如少正卯[⑧]，足以疑众，而孔子诛之，此亦千古除害之一大快也。自孔子殁，诸子兴，百家出，正言不行，正学不立，如公孙龙[⑨]之白马非马，

阅读思考

胡适在《容忍与自由》一书中认为孔子诛杀少正卯的理由，从某种意义上说是禁绝艺术创作的自由，摧残思想的自由、言论的自由和看作出版的自由，而容忍是一切自由的根本。结合所学知识，谈谈你如何看待诛杀少正卯之事？

---

① 言伪而辩：谈论非正统的思想而且为它辩解。

② 学非而博：学习非正统的思想而且很广博。

③ 假：借助。

④ 御：统治。

⑤ 二典：《尚书》以“典”名篇的《尧典》《舜典》，是《尚书》的总纲。主要为帝尧、帝舜的功德颂词及言行记录。除歌功颂德，《尧典》记录帝尧用人的言行。先是命羲和掌管历象；次则择人禅位，欲授天下于虞舜；《舜典》记录虞舜历试诸难、摄位、即位、命官诸事。

⑥ 三谟：《尚书》中的《大禹谟》《皋陶谟》《益稷》三篇，继于二典之后，主要是君臣对话录。谟，被解为“嘉言”，或谋略，是《尚书》十体之一，以对话的方式，陈述功绩以及治国谋略，即所谓“嘉言善政”。《大禹谟》谈论克艰、善政养民、摄政、徂征有苗诸事；《皋陶谟》谈论修身、知人、安民诸事；《益稷》谈论决川播种、慎位安止、股肱耳目、韶乐合奏诸事，并作歌唱和。陈述功绩意在阐明治国之道，君臣通过对话、唱和互相警戒。三谟的基调就是敬天安民，以敬畏之心，获取天命，治国安民。

⑦ 异言异学：不合正统的言论和学说。

⑧ 少正卯：春秋时代鲁国大夫。《荀子·宥坐》中记载：“夫少正卯，鲁之闻人也，夫子为政而始(先)诛之，得无失乎？”司马迁《史记·孔子世家》记载：“(鲁)定公十四年，孔子年五十六，由大司寇行摄相事……于是诛鲁大夫乱政者少正卯。”南宋朱熹认为，孔子并没有杀少正卯。此说一出，许多学者表示赞同。其主要理由是：一、诸子百家著作中寓言居多，不足为信。成书早于《荀子》的《左传》《国语》《论语》《孟子》等，都没有提到这件事，而且《左传》《国语》往往对孔子有所诬罔，也不提此事，可见历史上没有孔子诛杀少正卯的事；二、孔子代行宰相职务才七天，以一个大夫的身份去杀掉另一个大夫，这是不可能做到的；三、孔子提倡仁，坚决反对轻易杀人，当鲁大夫提出“杀无道以就有道”的想法时，孔子表示反对。杀少正卯一事，与孔子的一贯思想不相吻合。

⑨ 公孙龙：(公元前320—公元前250)，战国时期赵国人，字子秉，华夏族。著名道家，哲学家，名家离坚白派的代表人物。能言善辩，曾为平原君门客。他提出了“离坚白”“白马非马”等命题，认为对于“坚白石”，“视不得其所坚而得其所白者，无坚也”；“拊不得其所白而得其所坚者，无白也”，强调视觉与触觉的差异故“坚白石二”。又分析一般与个别的关系，强调“白马”(个别)与“马”(一般)的区别，得出“白马非马”的结论。代表作有《公孙龙子》等。

庄子[①]之非马喻马[②]，皆所谓伪而辩者也。如墨氏[③]之兼爱，老氏[④]之广济，皆所谓非而博者也。迄于汉宋以后，谈性理[⑤]者，则从宋儒焉，其术长于言，然其弊则有同说一理，或言居敬[⑥]，或言主静[⑦]，往复辩论而不合者，其势必至于伪而辩。矜[⑧]训诰[⑨]者，则从汉学焉，其术优于学，然其弊则同解一经[⑩]，或学流穿凿[⑪]，或学人支离[⑫]，布帛粟米之争训者，其势必至于非而博。然此之辩博犹可言也。

阅读思考

儒家思想作为中国传统文化的重要组成部分，对于中国人的品性、观念的形成有着至关重要的作用。你如何看待当今儒家思想复兴？

不料以至于今，积天地之戾[⑬]气，而生一大逆不道之

① 庄子(公元前369—公元前286)，名周，字子休，战国时期宋国蒙(今安徽蒙城)人。先秦道家思想的代表人物，与道家始祖老子并称“老庄”，他们的哲学思想体系，被思想学术界尊为“老庄哲学”。主张“天人合一”和“清静无为”等。代表作《庄子》，其中名篇有《逍遥游》、《齐物论》等。

② 见于《庄子·齐物论》，“以指喻指之非指，不若以非指喻指之非指也；以马喻马之非马，不若以非马喻马之非马也。天地一指也；万物一马也。”即以大拇指来说明大拇指不是手指，不如以非大拇指来说明大拇指不是手指；以白马来说明白马不是马，不如以非白马来说明白马不是马。(其实从事理相同的观点来看)天地都是“一指”，万物都是“一马”。旨在提醒世人不必斤斤计较于彼此、人我的是非争论，更不必执着于一己的观点去判断他人。从相同的观点来看，天地万物都有它们的共同性。

③ 墨子(约前468—前376)，名翟，春秋末战国初鲁国人，墨家学派的创始人。今存《墨子》五十三篇。思想主要包括兼爱、非攻等。墨子以“兼爱”为其伦理学说的基本原则，“兼”是其博爱天下的伦理情怀，主张“视人之国，若视其国；视人之家，若视其家；视人之身，若视其身”，以德义服天下，以兼爱来消弭祸乱。

④ 老子(约前570—前500)，姓李，名耳，字伯阳，谥号聃，楚国苦县人，伟大的哲学家、思想家，道家学派创始人。老子是个朴素的自然主义者。他所关心的是如何消解人类社会的纷争，如何使人们生活幸福安宁。他所期望的是：人的行为能取法于“道”的自然性与自发性；政治权力不干涉人民的生活；消除战争的祸害；扬弃奢侈的生活；在上者引导人民返回到真诚朴质的生活形态与心境。老子认为“上善若水，水利万物而不争，处众人之所恶，故几于道。”最具有包容性、渗透力和亲和力，它通达而广济天下，奉献而不图回报。

⑤ 即程朱理学，是宋明理学的一派，又称性理学，有时会被简称为理学，与心学相对，是指中国宋朝以后由程颢、程颐、朱熹等人发展出来的儒家流派，认为理是宇宙万物的起源(从不同的角度认识，它有不同的名称，如天、道、上帝等)，而且它是善的，它将善赋予人便成为本性，将善赋予社会便成为“礼”，而人在世界万物纷扰交错中，很容易迷失自己禀赋自“理”的本性，社会便失去了“礼”。

⑥ 居敬：宋代程朱学派所倡导的一种道德修养方法。语出《论语·雍也》“居敬而行简”，意为以恭敬自持，强调“心”的“主一”、“专一”、“自作主宰”，不为外物所牵累。

⑦ 主静：宋明理学家的道德修养方法和主要思想。渊源于古代儒家(《礼记·乐记》：“人生而静，天之性也。”)，并参杂佛、道的寂静无为思想。“主静”一语首由周敦颐在其《太极图说》中提出：“圣人定之以中正仁义而主静，立人极焉。”他用未有天地以前的“无极”原来是“静”的，来证明人的天性本来也是“静”的，由于后天染上了“欲”，故须通过“无欲”工夫，以求达到“静”的境界(“无欲故静”)。

⑧ 矜(jīn)：崇尚。

⑨ 训诰(gào)：训导告诫。

⑩ 经：古代经典或某些专门性的著作。

⑪ 穿凿：牵强附会。

⑫ 支离：分散的样子，此处说明这些崇尚训导告诫者没有把握经书的命脉，而演变成阐述一些具体的现象，例如下文所说“布帛粟米之争训”。

⑬ 戾(lì)：暴恶、凶狠。

人，其言也豺狼之言，而姑①托尊君以动人听；其学也顽固之学，而冒为谨慎以缚人心；无知之众，不察其真伪，不辩其是非，而反群相附和，以不伪为伪，以不非为非。

呜呼！真伪不分，是非倒置，簧鼓②日久，兵祸随之，此养痈③之所以为患也。君子日：此人不杀，人心一日不靖④，天下一日不安。

人物链接

徐锡麟

徐锡麟（1873—1907），绍兴人，近代民主革命家。自幼勤奋好学。秉性刚毅，兴趣广泛，尤喜天文数学，常在深夜登高观察星象，自制过浑天仪和绍兴地图。1893 年考取山阴县学附生，1901 年 10 月受聘绍兴府学堂（即我校）教习、授经学和算学。两年后，他被提拔为学校副办（副校长）。在我校执教四年，先后担任经学、算学、测绘、体操等课。1903 年夏撰写《代数备旨全草・序》，这是一篇重要的教育研究文章，是他长期悉心研究教学教材的结果，是自己教学经验的积累。

徐锡麟是个伟大的爱国主义者。中日甲午战争我国的失败和丧权辱国的《马关条约》的签订，激起了全中国人民的无比愤怒，激发了徐锡麟的爱国热忱。他认为："生中国之地，为中国之人，以为中国除害"。1903 年，徐锡麟与府学堂教习日本友人平贺深造等赴日本大阪、东京参观游历，他在东京博物院看到了我国的两座古钟，感慨不已，愤而作诗："瞥眼顿心惊，分明故物存。摩挲应有泪，寂寞竟无声。在昔醒尘梦，而今听品评。偶然一扪拭，隐作不平鸣。"四月，沙俄趁机向清政府提出七项无理要求，妄图霸占东北。为粉碎沙俄的阴谋，他积极支持留日学生抗俄义勇队。在参加营救章炳麟的斗争中，他结识了革命志士陶成章，龚宝铨等。回国后，徐锡

① 姑：暂且。
② 簧（huáng）鼓：笙竽等乐器皆有簧，吹之则鼓动出生。比喻巧言惑人。
③ 痈（yōng）：毒疮。
④ 靖（jìng）：安定。

麟参与创办新式学堂——越郡公学，在家乡东浦创办热诚学堂，并题堂联："有热心人，可与共学；具诚意者，得入斯堂。"学校提倡军训，实行男女同校。他还在绍兴城内轩亭口开设特别书店，传播新译书报和革命书籍。沙俄侵占我国辽东时，他愤之恸哭，绘沙皇画像，日夜短枪射击。1905 年，徐锡麟经陶成章介绍参加光复会。同年九月，在陶成章、龚宝铨的协助下，创建"大通学堂"作为光复会在国内的实际中心和培养革命骨干的学校。

光复会为了策动起义，积极策划其成员学习军事，趁机打入清政府、清军潜伏，待机发动武装起义。1906 年，经过积极活动，徐锡麟、陶成章等 13 人去日本，打算参加联队，学习军事，由于清廷驻日公使的阻挠，计划被破坏。五月回国，徐锡麟决定打入清政府内部，以图"中央革命"，后经亲友帮助去安徽任职。十二月，徐锡麟抵达安庆，很快得到安徽巡抚恩铭的重用。他先任安徽陆军小学堂会办，不久转为巡警处会办兼巡警学堂会办、陆军小学堂监督，掌握了安徽省警察和部分军事大权。徐随即利用自己的合法身份，以巡警学堂为基地，积极在安庆军界进行革命活动。

1906 年，徐锡麟与秋瑾在杭州白云庵商定皖浙同时起义。就在这一关键时刻，两江总督端方捕获一革命党人，他供出安庆有革命党活动，端方即电告恩铭严拿。恩铭接电后，立即召见徐锡麟，出示端方的电报，要徐缉拿。徐感到自己的机密已经泄露，处境十分危险，决定提前起义，先发制人。7 月 6 日，徐锡麟与陈伯平、马宗汉于清晨召集巡警学堂学生训话，反复强调"救国"。上午八时，恩铭及司道等官员到达，参加巡警学堂甲班学生的毕业典礼，徐陪同进入校内客厅。徐锡麟起义的步骤是先请恩铭喝酒，然后操练，随即起义。不料学务委员、旗人顾松告诉恩铭徐不是好人，要大帅不要在此喝酒。徐知情况有变，就陪同恩铭到礼堂，先由官生行鞠躬礼，恩铭回礼毕，徐锡麟突然抢上前去向恩铭行礼，大声报告："回大帅，今日有革命党起事"。这是徐预约的起义暗号，恩铭惊问："徐会办从何得此信?"话未毕，陈伯平迅即向前，将一炸弹投向恩铭。出乎意料，炸弹没有爆炸。这时恩铭惊恐万状，其他官员目瞪口呆。面对紧张情况，徐锡麟当机立断，高声说："大帅勿惊，这个革命党卑职终当为大帅拿到!"恩铭问："何人?"徐迅速从靴筒内拔出两支手枪，分握左右手，答道："即职道也"。接着子弹连续射向恩铭。恩铭身中八弹，被抬回抚署后当晚死去。接着，徐锡麟带领学生夺取军械所，这时，从巡警学堂逃走的藩司冯煦、臬司毓朗等各司已经组织清军进攻军械所，悬重赏捉拿徐锡麟，双方战斗十分激烈。不久，清兵破墙而入，徐锡麟与马宗汉及二十多名学生一起被捕。

徐锡麟被捕后，由藩司冯煦等进行审问："恩铭是你的恩师，你为什么这样毫无心肝?"徐义正词严地答道:"恩铭待我是私交,我对他是公义,私交何胜得公义?"冯煦等逼徐供出革命党名单,徐的回答是:"革命党人本多,在安庆实我一人。"端方致电冯煦立即就地处死徐锡麟。当徐知道自己将被挖取心肝时,毫无惧色,大义凛然,仰首大笑:"今日之死,是我一人,以后还会有千百个徐锡麟起来革命。"1907 年 7 月 6 日,徐锡麟在安徽巡抚东辕门百花亭惨遭杀害,实践了他"军歌应唱大刀环,誓灭胡奴出玉关;只解沙场为国死,何须马革裹尸还"的革命誓言,殉难时年仅 35 岁。

第二单元

不废江河万古流

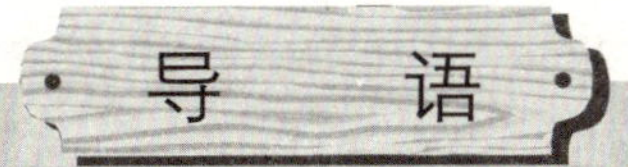

导语

天下兴亡，匹夫有责。近代以来，无数仁人志士为实现国家的伟大复兴，鞠躬尽瘁，死而后已。在这汹涌的时代大潮中，学堂也涌现了一批心怀天下、志在除弊的改革家，他们以自己的理论和实践丰富了探索中国发展之路。

本单元收录的四位作者，既是学堂师长，又是时代人物。杜亚泉在《破除享福之目的》中提到国家振作富强之道在于破除国人享福之目的，即破除不劳心劳力得感快乐而不感苦痛的想法，这一视野在当时具有超越时代的启蒙意义。刘大白的《卖布谣》是五四白话诗代表作品之一，诗歌勾画出洋货横流导致农村手工业劳动者经济破产的悲惨境况，对普通劳动者寄予了深切的同情，后来此诗由赵元任谱曲，李谷一演绎，广为传唱。被李叔同称为“最像我的学生”的李鸿梁是近代中国著名画家，曾就读于府中学堂，为鲁迅学生。他的《国画教育的改造》一文标举美术教育改革大旗，提出废除临画、注重写生、提倡图案等主张，推动了我国美术教育的发展。沈金相校长主持的绍中十年，是在抗战背景下极为艰苦的十年，他的《自传》真实描绘了辗转千里、弦歌不绝的历程，“读书不忘救国，救国不忘读书”，虽历经颠沛流离之苦，而不忘教育救国之初心。斯霞一生奉献在小学教育的沃土上，被誉为“小学教育界的梅兰芳”，《我为什么要终身当小学教师》一文是她爱孩子、爱教育、爱祖国的“爱的告白书”，她提倡的“童心”“母爱”成为斯霞教育思想的代名词。

正是由于这生于忧患长于忧患的爱国精神的激荡，才推动着我们的国家、民族、时代向前步进，永不止息。阅读本单元重在联系人物的时代背景，以文字为媒介，感受时代人物的激情，并反思时代浪潮中“我”的位置。

破除享福之目的

杜亚泉

内容导读

◆ 中华民族历来重视人的精神生活，把人的道德修养和个体人格的完善放在首要的地位，把道德视为理想人格的根本素质和维系社会安定的必不可少的条件。处理个体与群体关系，以群体利益为重；处理人际关系时，互以对方为重。提升人的道德境界，反对沉沦于物欲而不能自拔。杜亚泉认识到个体对于社会的重要性，教育又是提高国民素质的根本途径。他以他所有的热情投入到教育事业上，创办学校，出版杂志，翻译国外学者的著作，广泛接触和了解西方文化。在这个基础上冷静对比中西两种文化的差异，带着“即吾中国人之社会，以何因而致腐败于贫弱”这样的疑问来寻找原因。

◆ 多方面因素造成了中西方文化的差异并形成了近代中国落后的局面，杜亚泉认为其中最关键的因素之一就是中国人对人生目的的错误理解和追求，“吾侪辗转寻求，而知吾侪之所以陷于腐败与贫弱者，实由于误解人生之目的。目的误而种种之手段，乃无不误，遂驯而致于腐败与贫弱，非偶然也”。

◆ 杜亚泉认为中国人的一个普遍的人生目的在一个“福”字，无论官僚士庶，农工商贾各个阶层。什么是享福呢？“所谓享福者，为不劳心劳力得感快乐而不感受苦痛”、“故使人必劳心劳力，方能得快乐而免苦痛者，则吾国人决不认为之为享福”。杜亚泉意识到“享福”这样一种人生目的给个人和社会带来了很大的危害。

阅读思考

结合文章思考：杜亚泉认为什么是“个人改革”最重要的方面？

吾侪[1]尝有一大问题，日常往来于吾侪之胸中，而亟欲求其解答。此问题维何？吾侪中国人之社会，以何因而致腐败与贫弱？西洋人之社会，以何因而致振作与富强？换言之，即吾中国人与西洋人之社会，以何点重要之差异，引起两社会间种种之悬隔？质言之，即欲问陷吾中国人于腐败与贫弱者，究为何事也？或曰：以中国人无教育故，以中国人无道德故。虽然，西洋之人，非生而受教育者，非生而具道德者。教育为社会间所举行之公益事业，道德亦由社会训练而成，皆果而非因也。则将谓吾侪之智力不及西洋人，体力不如西洋人乎？然吾侪一读三四百年以前之西洋历史，则其知识之愚暗，岂足与唐宋时代之人同年而语者？即云体力，吾燕赵秦晋间之健儿身手，亦讵[2]不如西洋人？吾侪今日，惟当自检其人事之缺失，不当委其咎[3]于天赋之缺陷矣。亦有谓西洋人种糅杂，各小国并立，经千余年之竞争进化，遂[4]开发近世之文明。然则吾侪经五胡之入扰，及十六国之割据，胡以当时之社会情状，反有退而无进乎？吾侪辗转寻求，而知吾侪之所以陷于腐败与贫弱者，实由于误解人生之目的。目的误而种种之手段，乃无不误，遂驯[5]而致于腐败与贫弱，非偶然也。

欲问吾中国人之所认为人生之目的者果何在，则吾可以一字表之，即吾中国人门户墙壁间所大书，童稚妇女所咸识之“福”字是也。今试任就一中国人而叩其一生之目的如何，则无论官僚士庶、农工商贾[6]，以至妇人女子，当无不同声而答曰：“吾之目的在享福。”虽其间手段万殊[7]，有求功名权位者，有谋财货利禄者，有考求学问者，

---

① 侪，chái。辈；类。
② 讵，jù。岂，怎。
③ 咎，jiù，过失，罪过。
④ 遂，suì，就；于是。
⑤ 驯，xùn。逐渐地，循序渐进。如：驯致（顺其自然而逐渐达到；顺应情致的自然发展）；驯增（逐渐增加）。
⑥ 商贾（gǔ）：古代对商人的称呼，释为行商坐贾，行走贩卖货物为商，住着出售货物为贾，二字连用，泛指做买卖的人。
⑦ 殊，shū。不同。

有整理家事者，而其终局之目的，则无不在于享福。现时不能享福者，则望将来之享福焉；本身不能享福者，则望子孙之享福焉。究之吾中国人所谓福者，果含有如何之性质乎？所谓享福者，果含有如何之意味乎？吾将研究而说明之。

《洪范》列举福之事项凡五，即：富、贵、康宁、好德、考终[①]，谓之五福。就此五者而分析之，则富与贵为积极性之福，即于精神上感快乐之谓；康宁与考终为消极性之福，即于精神上不感苦痛之谓也。但以上四者，皆为受动性之福，惟好德则为自动性之福。盖精神之快乐苦痛，虽不能不受外界之感动，然发生于内部之自动者居多。故性情暴戾、气量褊[②]狭之人，虽处如何之境遇，终不能得快乐而免苦痛，则自动性之福，实较受动性之福为主要可知。乃世人之所谓福者，实专注意于受动性之福，而漠视自动性之福，是其福之主要性质，业已失去。普通之见解，吾固不欲以伦理学及哲学上之见解绳之，惟其所谓享福之意味，则固于积极性及消极性之两方面外，别有一重要之条件，即欲不劳心劳力，安然享受此快乐而不苦痛之境遇是也。彼等几不辨福之性质如何，而惟此不劳心劳力安然享受之条件，决不可破，否则，一切福之性质，皆从而消失。故使其人必劳心劳力，方能得快乐而免苦痛者，则吾国人决不认之为享福。然则吾中国人之所谓福者，为感快乐而不感苦痛，所谓享福者，为不劳心劳力得感快乐而不感苦痛。是即吾中国人所认为人生之目的者也。

吾于是知吾中国人实误解人生之目的者也。以其所认为人生目的者，乃在于不为人而丧失其生活故也。人在生活之中，则其所具之体力与心力，必依生理上之作用，而显其活动，苟其生活不丧失，则其活动决不能全停止。而吾人乃以停止活动，为人生目的中之重要条件，其谬误不已甚乎！吾中国人普通之见解，以劳心劳力，认为

阅读延伸

“则将谓吾侪之智力不及西洋人，体力不如西洋人乎？然吾侪一读三四百年以前之西洋历史，则其知识之愚暗，岂足与唐宋时代之人同年而语者？”请你结合历史知识，分析这句话的内涵。

---

① 考终(命)，是《尚书·洪范》中“五福”的第五福。即尽享天年，长寿而亡。

② 褊，biǎn。狭小，狭隘。

一种之苦痛，足以消失福之性质者，是实全由误解而起。惰眠之人，或误以离床为苦，不知吾人苟得适当之睡眠后，则淹留床蓐[①]，转增沉闷，此时苟崛然而兴，必觉起立行动之愉快，实胜于睡眠。又家居之人，或误以旅行为苦，道途风雨，别绪离愁，经想像而愈难排遣，然此时苟决然而行，则流览风物，观察世态，知旅行之乐，实大胜于家居。吾人之以劳心劳力为畏途者，亦眠者畏起、居者畏行之类耳。昔英人有就佣于印度公司者，薄书鞅掌[②]，苦不得休息。及积资归英，谓其友曰："今而后吾不复作事。"世人以不作事为最佳，作善事其次焉。居未几，其友往访之，乃锯木作一柜，友询其故，曰："吾今而知无事之苦，较事繁之苦为尤甚。吾之锯木，求免于自尽而已。"然则以不劳心劳力为享福之条件者，其所谓享福，即英人之所谓自尽者也。

夫吾人托生于宇宙之间，一为宇宙任工作之机械而已。饮食、衣服、居住，及其他一切生活必须之资料，所以与吾人以快乐而免吾人之苦痛者，凡以遂吾人之生活，使其得从事于工作，犹机械发动所须之燃料与保存此机械所须之涂料而已。吾人之目的在生活，生活之意义，为心力体力之活动，活动之结果，成宇宙间种种之工作。吾国语言中，常称工作曰生活，则工作实生活之表现也。感快乐而不感苦痛，固生活之目的中所不能不要求者，然此要求既根据于生活之目的而来，若转因此要求以破弃其生活之目的，其谬误不已甚乎！吾中国人以享福为人生之目的，以吾言之，则享福实违反人生之目的者也。

吾中国人既人人抱一谬误之目的以涉世，于是其所费之心力与体力，乃无不趋于谬误，专图不当得之权利，而巧避其应尽之义务。苟可达其享福之目的者，则其行为虽如何不正当，亦一切置之不顾，此行为之结果，即足以陷吾中国人于腐败贫弱而有余。向使吾中国之人，知

---

① 蓐，rù。陈草复生，引申为草垫子，草席。

② 鞅掌：事务繁忙的样子。

人生在世，当其生活未丧失以前，决不能不活动，决不能不工作，不论富贵贫贱，苟一日为生活之人，即一日为活动之人，亦即一日为工作之人，终其身于活动工作之中；得权利焉如斯，失权利焉如斯，尽义务焉如斯，弃义务焉亦如斯，则尚何权利之足图，义务之足避乎？人生之福，随造而随享之，以心力体力活动而成之工作，为得快乐而免受苦痛之代价。不活动，无工作，则快乐即去，苦痛立至。彼富贵者欲保持其富贵，则其劳心力与体力，不但不能减少于贫贱者，必且加甚焉；犹之国土愈广，则守卫之力必愈强大也。彼苟欲不劳其心力与体力，则其所拥之富与贵，适足为其亡身之具而已。夫既至富且贵，而其劳乃甚于贫贱，则不义之富贵，何足以累吾身心乎？此义既明，则享福目的自破，享福之目的一破，则吾中国可得多数生活之人，活动其心力体力，以从事于正当之工作。国家振作富强之道，即基于是矣。

吾今为抱享福目的者正告曰：汝今者舍其正当之工作，冒危险，习欺诈，汲汲营营，以求汝将来或子孙之享福，汝果为将来计耶？吾谓汝当锻炼汝之精神，坚实汝之身体，使汝之一生，得为充分之活动。古来名人，常有享七八十之高龄，而于晚年建功立业者，是汝将来所可效法者，若夫积金钱，占权利，营菟裘①，谋退隐，是决不能达汝之目的者。且即如汝之目的，则汝之将来，实虚生于世，是实与自促其生命无异也。抑汝更为子孙计耶，则汝当注意于教育，使汝之子孙，有明通之学识，有应用之艺能，有强健之体格与活泼之精神，在社会上得自由活动之能力，如此巨大之遗产，足使汝之子孙，吃着不尽。若夫储财货，营田宅，使汝之子孙，安坐而徒食，是决不能达汝之目的者。果汝之子孙，悉如汝之目的，不复在社会活动，则其固有之才智，无磨炼之机会，其品格必日流于卑下；汝之财货田宅，会有穷期，而子孙之才智，不可复得，是实

① 菟(tù)裘：古邑名。春秋鲁地。在今山东泰安东南楼德镇。后世因称士大夫告老退隐的处所为“菟裘”。

与自戕其子孙无异也。今吾国之人，皆自促其生命，自戕贼其子孙，积数千年而不之悟，亡国灭种之祸，即由此享福之目的中来。然则彼之所谓享福者，非享福实取祸也。吾国人而欲挽救其腐败与贫弱焉，则必自破除享福之目的始。

（选自《东方杂志》11 卷 5 号，1914 年 11 月）

人物链接

杜亚泉(1873—1933)

杜亚泉(1873～1933)原名炜孙，号亚泉，会稽伧塘(今属上虞)人。中国科学界先驱、中国启蒙时期的典型学者，商务印书馆创业三杰之一。1898 年应蔡元培之聘任绍郡中西学堂(绍兴一中前身)数学教员。两年后赴沪创办中国近代首家私立科技大学——亚泉学馆和最早的科学刊物——《亚泉杂志》。任商务印书馆编译所理化部主任历时长达 28 年，著述、翻译和主编大量书刊。他一生对研究我国近代化学的发生和发展有着重要的贡献。他首次系统地介绍了当时世界上新发现的一些元素，其中 6 种元素中文译名一直沿用到现在。他在商务印书馆出版的自然教科书有《格致》《矿物学》《植物学》《生理学》《动物学》《自然科学》等中小学教材。主编《植物学大辞典》和《动物学大辞典》，反映了当时我国生物学的科学水平。杜亚泉以其刻苦自习的知识和精益求精的治学精神给后人留下了宝贵的科学文化遗产。

卖 布 谣

刘大白

内容导读

◆ 刘大白《卖布谣》是“五四”新文学代表作品之一，曾被赵元任谱成曲广为传唱。它在内容和形式上都有极强的民间性。

◆ “谣”可以理解成民谣，也可以理解成童谣，读时请注意诗人是如何把儿童的感觉引入诗中的。

◆ 卖布谣多次将“洋布”与“土布”并举，反映了特定历史条件下的民众命运和一般心理。

卖布谣·其一

嫂嫂织布，
哥哥卖布。
卖布买米，
有饭落肚。

嫂嫂织布，
哥哥卖布。
弟弟裤破，
没布补裤。

阅读思考

“五四”新文学在形式和内容上都在走向民间。内容上比如对底层人民的关注，形式上比如借鉴民歌的表现手法来写新诗。找找看，这首诗里借鉴了哪些民歌的表现手法？

嫂嫂织布，
哥哥卖布。
是谁买布，
前村财主。

土布粗，
洋布细。
洋布便宜，
财主欢喜。
土布没人要，
饿倒哥哥嫂嫂！

一九二〇.五.三一，在杭州。

卖布谣·其二

布机轧轧①，
雄鸡哑哑②。
布长夜短，
心乱如麻。

四更落机，
五更赶路③。
空肚出门，
上城卖布。

阅读延伸

古诗里常有“苦恨年年压金线，为他人作嫁衣裳”“遍身绮罗者，不是养蚕人”之类的感叹，刘大白的两首诗里与这层意思最接近的是哪几句呢？

阅读拓展

诗里数次将土货与洋货对举，反映了特定历史中人民的悲苦。但将这两样东西放到今天，又需要重新认识。比如时下常有激于爱国热情打砸洋货、洋店的事件，对这类事件你有什么看法？

---

① 轧轧：象声词。可形容车轮声，如许浑《旅怀》“征车何轧轧，南北极天涯”；可形容窗户开合声，如柳永《采莲令》“翠娥执手送临歧，轧轧开朱户”；也可形容橹声，《儒林外史》第五一回“〔那妇人〕耳朵里却听得轧轧的橹声”。

② 哑哑：禽鸟鸣声。如焦赣《易林·师之萃》“凫雁哑哑，以水为家”，又如李白《乌夜啼》“黄云城边乌欲栖，归飞哑哑枝上啼”。

③ 四更：凌晨一点至三点。五更：凌晨三点至五点。旧时计时法，分一夜为五更。

上城卖布，
城门难过。
放过洋货，
捺住土货。

没钱完捐①，
夺布充公。
夺布犹可，
押人太凶！
“饶我饶我！”
“拘留所里坐坐！”

一九二〇.五.三一，在杭州。

阅读思考

用绍兴话读一下这两首词，找找两首诗的韵脚字。

人物链接

刘大白(1880—1932)

刘大白(1880—1932)，原名金庆棪，后改姓刘，名靖裔，字大白，别号白屋。浙江绍兴人。与鲁迅先生是同乡好友，现代著名诗人，文学史家。

幼年资质鲁钝，每天授课百余字，要读四五十遍才能成诵。十三四岁起，经塾师悉心教育，豁然颖悟。

早年参加科举，系贡生。青年时投身革命，参加同盟会。

1908年，与友人合办《绍兴公报》。

辛亥革命后，编辑《禹城新闻》。

1913年，参加“二次革命”，受通缉，先后流亡日本、南洋。

“洪宪复辟”结束后，刘大白回国，先后任教浙江省立第五中学(绍兴一中前身)、浙江第一师范、复旦大学等校。与经亨颐、陈望道、李次九、夏丏尊，一起推动教育改革，系浙江一师“四大金刚”之一。

① 完捐：交纳捐税。

五四运动时,在杭州指导一师学生联合各中学学生投入运动。

新文化运动时,写白话诗歌,参加新南社、文学研究社等文学社团,是运动重要成员。

刘大白教育学生要维护国家和民族的尊严。他在20世纪二十年代任复旦大学国文系教授时告诫学生:“读中文系或新闻系,都要好好学习一两种外文,以便阅读世界名著和外文报刊”,“除了练习之外,自己人对自己人不要在大庭广众前乱讲外语,有损国家与民族尊严。”代表作有《旧梦》《邮吻》《白屋说诗》等。

图画教育的改造[①]

李鸿梁

内容导读

改革是教育不断发展进步的助推力，有识之士不断提出教育改革之策。作为我校杰出校友，著名画家李鸿梁先生，早在上世纪初就提出美术（当时叫作“图画”）改革的思想，推动我国美术教育的发展。

现在当教育改造的时候，那么，图画教育，趁这个时候，也应当改造的。为什么缘故呢？因为有许多的教法不对。你看现在学校里的图画科，大多数还是偏重临画[②]一方面，试问普通学校里面，能不能够买许多名家的作品来？我想起来必定是不能的。所以一般学校只得随便买几张无价值的花纸儿（没有了解绘画真理的人作出来的我统叫他为花纸儿）当作临本[③]叫学生细细的描摹，要知道这买来的花纸儿有没有临摹的价值？教师能不能够断定他是纯正的绘画？这是图画教育中的第一个要紧的问题。还有许多学校里的图画临本，是教师自己的大作，在教师以为热心，在学校亦可以省多少钱。要晓得趣味各人不同，画派亦各人各样。断断乎不能强制各人的趣味，硬学自己的一派，以致学生各人本来的情趣，一概抹煞，

---

① 选自《教育与社会》，美育杂志社，1920年。

② 临画：是按照原作仿制书法和绘画作品的过程。

③ 临本：摹写出来的书画复制本。

养成他以致依赖性、机械性。还有最可笑的，在图画科正课时间内，叫学生临摹博物馆标本图。若去问他的用意，他还说出一大套的理由来，他说：图画科应当同他教科联络，补助他教科的作业。这就是图画科的应用，亦就是实用主义①。不是像那些画几张红红绿绿的花纸儿，可以比的。在不懂的人听了，好像他的理由很正当、很充足，他的教法很不差，其实大谬不然。这不是教图画，简直是硬把一班活活泼泼的学生，造成几架不死不活的印刷机，还有什么美感不美感呢。图画科在他教科修得上的补助，是养成图解力，并不是叫他画标本画。就是要画，也只能在课外，万万不能当作一种正式的教材。总而言之：以上种种把图画科的主旨、价值、精神完全失去。所以趁改造的时候，赶快要引导他们到纯正的轨道上去，免得一般学子苟且盲从，造成一个机械的、无生气的、依赖的、永久不能独立创作和理想同化的弊病。我现在有三个改造的意见，同大家讨论讨论。

阅读思考

图画教育应当尊重学生的个性，帮助学生发挥天性，培养其审美趣味，而非简单、机械地临摹作品。结合自身经历，谈谈你如何看待这一教育改革思想？

废除临画

现在各国废除临画的声浪，越唱越高；临本的销路，亦日减一日了。临画的弊病已经在上面略略说过。假定那买来的花纸儿，是有价值的。那么，学生临得同他原本丝毫不差，也不过像临本一样，是临本的复制品罢了。万不能高出临本以上的。试问：这临本是不是空前绝后的大画家所画的？若说不是，那么：这许多学生，永久不能比这临本好了。还有一个问题：假使人人临画，试问这临本，从那里临来的？所以要改造图画教育，第一要废除临画。

注重写生

爱好自然，取法自然，是学画的第一要紧的事体。换

① 实用主义：产生于19世纪70年代的现代哲学派别，在20世纪的美国成为一种主流思潮。主张认识来源于经验，人们所能认识的，只限于经验。至于经验的背后还有什么东西，那是不可知的，也不必问这个问题。这个问题是没有意义的。

一句话说，学画的人，离开自然，就没有别的事业，就是理想。意匠[1]也要从自然中发挥出来的，从来艺术家没有一个不模仿自然（这里所说的模仿并非绝对的），不过把各人的理想，发挥出来补那自然的缺点是可以的。若要完全脱离自然，专门杜撰，是不行的。所以绘画应注重写生。养成他对于自然物的趣味，图画教师应该先教他正常的规则，养成他周到的观察力，使他们的思想感情，能够自由发表，然后再使他参考各种画派，鉴赏名家的作品，养成他有高尚的审美心。

提倡图案

图案[2]可算是工业品的母。一国工业的发达不发达，只要调查他对于图案考究不考究，就可以知道了。你看日本的工业品，他的材料或者是很坏，制作的功夫亦是很省的，但是因为他的模样好，颜色亦调和，他就要抬高他的价值。还有欧美各国，没有一处不加一种相当的意匠，无论建筑、陈设、街道、交通机关都能够使一般的人不起厌恶的观念，这种完全是应用图案造成的，并不是无意识的。我国现在工业正当萌芽时代，所以图案的研究，是很要紧的，图画教师应该教他图案的方法、美的法则、材料的应用等，以养成他高尚的意匠和创造力。

人物链接

在我校校史中记载着各时期名教师的名录，其中有艺术教师李鸿梁的名字，他是一位富有爱国心、正义感的人，是浙江省立绍兴中学校歌的作曲者，是善于用艺术激励群众斗志的宣传鼓动家。

---

① 意匠：诗文、绘画等的精心构思。

② 图案：是一种实用性与装饰性相结合艺术形式，有较强的主观性、趣味性和规律性。从广义上讲，图案是一种将物象的造型结构、色彩图形依据一定的使用目的和审美需求与工艺材料相结合的设计方案；从狭义上讲，图案是指装饰在工艺品、实用品、建筑物及其他各具用途的物品上的装饰纹样，一般不具有独立的使用价值而依附于被装饰的主体。此外，现代社会生活中，图案常常被作为一种欣赏性艺术形式而独立存在，被称为装饰画。

李鸿梁

李鸿梁先生是鲁迅在我校任教时的学生。辛亥革命时绍兴光复，鲁迅支持创办《越铎日报》，李鸿梁经常在报上发表抨击时弊的漫画。鲁迅一生结识的60多位画家、木刻家中，认识最早又真正是他的学生的则是李鸿梁。在浙江两级师范学堂求学时，李鸿梁和丰子恺、潘天寿都是李叔同的高足。

李鸿梁长期从事教育事业和进步文艺，他先后在南京高等师范、上海师专等处任教艺术课，1923年起任我校美术、音乐教师。他平素严肃寡言，衣着朴素，讲话富于幽默感。在教学上李老师要求学生立大志，要求学生从微小处学起。李老师对美术、书法、音乐、戏剧有很高的造诣，他亲自教学生《国际歌》，还写了五幕话剧《红玫瑰》。他擅长水墨画，书法浑朴豪放。也常作漫画，风格与丰子恺近似。1925年鲁迅主编《莽原》时，李老师曾投寄漫画，至今北京鲁迅博物馆里还保存着他寄给鲁迅的两幅漫画和一封信。1929年春，我校组织《梦幻剧社》，以李鸿梁为社长，自编自演进步话剧《沉睡的老人》《未来的爱情》等，剧情反帝爱国，颇负时誉。1933年李鸿梁组织“时之社”(金石书画社)，这是绍兴当时较有影响的一个书画组织。

抗日战争爆发后，李老师随学校从绍兴转辗诸暨、嵊县山区，后又从东阳、缙云到遂安，在浙东第二临时中学(即我校)任教。在抗日战争的艰难岁月里，物质生活的困苦人们尚能忍受，但日本帝国主义的侵略，祖国大好河山的被占，是一切热爱祖国的人决不能容忍的。为了激励群众的斗志，团结人民，打击侵略者，李鸿梁积极从事抗日救亡运动，曾与孙福熙等书画家组织了绍兴美术工作者协会，举办了“战时图画陈列”在城乡流动展出。1938年7月在《前线》第十一期上他发表了三首革命歌曲，歌名为《抗战》《我们一百二十万人》和《我现在要出征》，其中第一首是李先生作词作曲，第二首作曲，第三首是由《麦丹民歌》改译。歌词写道：“冲，冲过钱塘江，跃过壕沟，炸毁电网，我们岂肯任人宰割，作俎上羔羊！我们誓死反抗！我们用铁血来造就到生存路上的桥梁。冲！冲！冲！冲过钱塘江，跨过了敌人的尸体，烧着了民族的火光。”“我现在要出征……倘敌人不来侵我们，怎会有战争？但现在我要保全国同胞的生命，我所以要出征。”这革命的歌声，战斗的歌声，是誓师曲，是进军号，响彻九天云霄，鼓舞和激励广大人民群众为保卫祖国、打败侵略者、争取幸福美好的明天而斗争。

李鸿梁著有《粉笔画法》《普通乐理》《图画理论教材》。画作主要有《垂帘飞鸟图》(得奖国画)等。

自传（节选）①

沈金相

◆ 会考失利、经费不足、日军侵华、流亡办学，绍中命运将走向何处？

◆ 绍中十年是沈金相一生教育事业最艰辛的十年。他认为，绍中十年，虽费心尽力，但始终坚守初心。

◆ 教育工作者到底需要怎样的坚守才能真正地实现教育理想？

我于1931年秋至绍兴中学（当时名浙江省立第五中学），时年三十一岁，正当壮年，大学毕业不久，事业心较强，很想做出一些成绩。

当时教育厅规定，校长兼课可领兼薪。我因初到校，为了专心致志于教育行政工作，决定不兼课。两年后，办法有了变更，校长兼课不领薪，我乃自兼教学一班，有时教师请假，我自动为他们代课，教薪仍由原教师领取，这事虽小，但颇得同事们的好评。

1931年正是“九一八”事变之年，我爱国心切，民族意识强烈，看到外患日深，当局媚外懦弱，世人醉生梦死，亡国危机严重，内心激动感慨。有一次，我在纪念周会上讲到此种情况，不禁失声痛哭，全场为之肃然。斯时我对教育救国心切，在绍中校刊上曾发表一篇《教育兴国的实例》的文章。

阅读延伸

作者认为1931年的中国“外患日深，当局媚外懦弱，世人醉生梦死，亡国危机严重”。你能否用史实来论证作者的这一观点？

---

① 选自1991年出版的《沈金相先生纪念集》。

1932年冬，全省举行毕业会考，绍中考在全省省立中学的末一名，我认为奇耻大辱，向教育厅引咎辞职。这一学期省督学张稚鹤先生长期驻校视察，厅中人问他绍中究竟如何，他力言不坏，因此教育厅指令慰留[1]，略[2]谓："该校长到校以来，颇多兴革，祇[3]以时间未久，成效未彰，借以时日，必有可观。"我乃召集全校师生，勉以"绍兴为古越王勾践卧薪尝胆之地，今后我们也必须以薪卧尝胆的精神，雪此奇耻大辱。"并亲自制定"提高学生程度具体办法"，切实执行，全校师生均颇奋勉。至1933年暑，举行第二次会考，绍中得到团体及个人冠军。个人成绩前五名中，绍中得第一、第四、第五名三名。全班四十余人，除一人外，其余均列入甲等。考后至厅，督学张稚鹤欣然谓我曰："此役焉，不仅洗雪贵校之耻，并可证余言之不谬。"此后连续数届，均名列前茅，教厅同人及学生家属交相称誉，我亦欣然。

关于提高学生程度方面，除加强教学、重视课外作业、注意辅导外，图书馆内把参考书陈列在阅览室，又在学生宿舍内，辟一斋舍办公室，安放字典、辞典之类工具书，以利学生查阅，收到良好的效果。

物质建设方面，在不另请经费动用修缮费及历年的节余款的条件下，建造理化实验室一间，图画教室一间，劳作教室一间，劳作工具室三小间，斋舍办公室一小间，学生娱乐室两小间，又扩建大礼堂，改造音乐室。至于请教育厅拨款建筑的，则有普通教室两间，开凿自流井一口，建造水塔一座，用自来水管通至厨房及男女生浴室，以便利用水。又当时教室内课桌椅及自修室课桌凳大都已陈旧破烂，乃动员全校教职员捐助一个月月薪的30%，新置铁骨课桌椅一堂，自修桌440只，在女生宿舍内辟置校园一个，篮球场一块，供女生游息及运动之用。又为教

① 慰留：安慰并挽留。
② 略：大概。
③ 祇：只。

师辟置乒乓室一间，专供教师于课余娱乐之用。每年暑假，全校校舍分批加以油漆及粉制，开学时面貌一新。

清洁卫生方面亦甚注意，住宿生褥单及毛巾均由学校向上海三友实业社定制，一律白色，被头折叠和毛巾悬挂均须按一定方式，每日早餐后，由校长和值日教师轮流到学生宿舍检查。住宿生洗脸毛巾每周烧煮一次。更为学生称道的是消灭臭虫。为此，学校特制铅皮方形大盆一只，正好把铺板及铺架放入，下面烧以柴火使水煮沸，每年煮两次，连续两年，猖獗一时的臭虫虫害终于彻底消灭。使学生能在一天繁忙的学习后得到安眠。

此外我还提倡储蓄，养成节约习惯，由会计室代办储蓄手续，教师可把每月余钱储入银行，需用时可随时领取。训育方面，当时我们自创生活指导员制度，每班设一生活指导员，这是后来级任制的滥觞①。体育方面，每年举行运动会一次，平时晨晚均由体育教师带领，加强学生锻炼，教职员均可自由参加，有时我亦参加，师生一起，其乐陶陶。

1937 年 7 月 7 日，卢沟桥事变发生，日寇全面侵略开始，全校教职员自动集资捐献，表示拥护抗战的决心。为适应抗战需要，实施战时教育，每日早上升旗典礼时，请教师轮流作精神讲话，以启发学生的爱国思想及民族观念。下午课外运动时，请私立稽山中学军训教官来校讲授有关作战的技术与方法。并在校园内建立“九一八”纪念碑②，明耻教战，以增加学生的抗日决心。

1937 年 12 月下旬杭州沦陷。1939 年 4 月下旬宁波被炸，从形势上看绍兴恐亦难免。我当即至专员公署探询，据告确有绍兴亦将被炸之情报。我乃于三十日深夜召开紧急校务会议，决定高中部暂去兰亭集训，初中部自 5 月 1 日起实行野外教育，即由教师于每日早上分班率领

阅读延伸

九一八事变至卢沟桥事变期间，国家正处于风雨飘摇之中。虽办学条件极为艰苦，但这段时间却是绍中发展的全盛时期。结合本文，你能否归纳出当时绍中发展迅速的原因？

---

① 滥觞：用来比喻事物的起源、发端。

② 九一八纪念碑：碑为炸弹形状，周围用彩色三合土绘成东北三省地图，正面镌“九一八纪念碑”六个血色大字，背面刻沈金相撰写的碑文。

至离城十余里处，如东湖、禹陵、快阁等处上课，傍晚回来。这一年5月气候特别炎热，连续两日平安无事，教师颇有烦言，我主张坚持下去，至少试行一星期再观情况，不意在5月3号敌机竟来轰炸，绍中中两弹，毁教室两间及寝室一角。工友金阿传因缺乏防空常识，当敌机轰炸时，他倚树观望，被弹片击中而丧生。如当时全校师生在校，情况不堪设想，事后学生家属及教师同人纷纷庆幸，说我料事如神。至今回忆起来，犹有余悸，负责者可惧而不可喜也。

经过这次轰炸，学校暂迁至南门外栖凫①，下半年迁校本部于诸暨花明泉②，而绍兴的浬渚③及兰亭各设一分部，以便利绍兴子弟的入学。

迁校前夕，我打电话给大明电灯公司营业部主任王贶④甫，告诉他绍中即将远迁，应付之电费，请即来结算清楚。后他语人曰："绍中在迁校前夕，主动叫我们去结算电费，由此可知沈校长平时之为人。"

后来萧山沦陷，绍兴逼近前线，乃把浬渚及兰亭分部撤销，另在嵊县崇仁廿八都⑤设一分部，为以后逐步南迁之准备。

这里有两事应当一述：

(1) 教育厅原在余马姚渚办一临时中学，收容浙西沦陷区学生，此时教厅忽令并入绍中。

(2) 当时政府号召抢救沦陷区失学青年，因而嘉属各县失学青年络(现在用"陆")续渡江来绍兴，约有二三十人。可是这批学生到了绍兴后，却无处收容，打电话去问教育厅，则说这是社会处号召他们而来，推托不管。我不忍看到青年学生流离失所，主动把这批学生收容到绍兴

阅读延伸

流亡办学期间，既遭受着日寇的骚扰，又面临着教育厅谴责的压力，如果你是当时的校长，你会和作者一样收容这些失学青年并最后以学校名义颁发毕业证书吗？为什么？

---

① 栖凫[fú]：现位于浙江省绍兴市越城区鉴湖街道南部半山区。

② 花明泉：位于浙江会稽山脉西麓诸暨市赵家镇中部。

③ 浬渚：漓渚。

④ 贶[kuàng]：赠、赐的意思。

⑤ 崇仁廿八都：位于浙江省嵊州市崇仁镇，廿八都由原升二、升三、升四、石塘岭、塘岗5个村合并组成。

中学，后来受到教育厅的谴责，说我擅作主张，并在毕业时教育厅不肯在毕业证书上盖印，我乃以学校名义发给毕业证书。收留了这两部分学生，虽给绍中增加了困难，但对国家民族，对培养青年来说，应该是有功无过，我自思也是于心无愧。

1940 年绍兴沦陷，日寇向诸暨进犯，花明泉位于绍兴通至诸暨大道之旁，不甚安全，乃又决定迁校本部于嵊县崇仁廿八都，而在花明泉附近皂荚树[①]下设一办事处，留下职员一、二人保管暂留在花明泉的校具，我自己亦仍留在花明泉校内督率员工整理和迁运事宜。一日早上我尚在办公室处理善后工作，体育教师许迈成匆促跑入，谓敌人一小队已进入村来，我抬头从窗口望去，果见敌寇已整队入村，我乃急急从小路跑回一溪之隔的赵家（因其时我家眷尚未离去），遂携临盆在即的蔚青[②]匆匆至皂荚树下。据村人告知，敌人离我仅一二百步，幸未被发现。敌人过境后，乡政府逃散，绍中校内尚存有一些粮食，晚上即遭就地莠[③]民抢去，幸大部分已迁运至嵊县崇仁廿八都，校方损失不算太大，我自己也被劫去内放衣物的箱子一只。

嗣后[④]我把家眷安顿在诸暨的深山峻岭的陈家山[⑤]，不久蔚青即在该处产下我的小男孩沈悌[⑥]。我则为校事往返于崇仁与皂荚树下之间，翻山越岭备受艰辛，无法照顾产后的蔚青（至今回忆起来，犹内疚不已）。

绍中在崇仁廿八都共一年多时间，这时教育厅初在方岩[⑦]，后迁丽水，而地方银行则在嵊县、新昌。为了接洽校务，领取经费或购领粮食，常须来往于各处之间。当时山区交通困难，所以大都是步行，间或坐几次简单的竹杠轿，晚间常住宿于山间人家。

---

① 皂荚树：花明泉当地的地名。
② 蔚青：沈金相的妻子柏蔚青，原名慧卿，小字藕宝，1900 年农历闰八月廿三日生。
③ 莠：品质坏的，不好的。
④ 嗣后：以后。
⑤ 陈家山：位于浙江省诸暨市赵家镇。
⑥ 沈悌：沈金相的二子。
⑦ 方岩：位于浙江省永康市。

1941年大约四、五月间，敌人已进犯至富盛，离嵊县很近，我决定在廿八都设一留守处，学校继续南迁，经东阳、永康一直至缙云壶镇①。当时杭州私立安定中学已先至壶镇，该校借用房屋多，乃商得该校孙校长同意，以一部分房屋转借给绍中。当时绍中教师随校迁移的有二十余人，学生约三百人左右，准备暑假后即在壶镇开学，在此开学前，教师与学生均组织了野外教学。

当时迁至壶镇的，还有省立宁波中学及省立蚕丝学校。大家正在准备开学之际，教厅忽令绍中及蚕丝学校停办。

正在这时，浙江大学龙泉分校主任郑晓沧老师又来函相邀，我几年来率领绍中师生东移西迁，确已心力交瘁，所以不决心摆脱者，总想把绍中生命，能在乱离中保存下去。现既已奉命停办，则我正可息肩，故决定去龙泉。

临行前夕，随校全体师生公宴我于安定中学大礼堂，当场题赠横轴一幅，上书“坚苦卓绝”四字，并赠派克钢笔一支留念，前述收容的浙西沦陷区学生亦赠皮鞋毛巾等物。临行前，彼此含泪言别，情深义重，实为难得。

我移交时所有分散在花明泉、皂荚树下及崇仁廿八都之校具、教具及会计簿册等均逐一点交清楚。教育厅派金督学来监交，交卸后金督学谓我曰：“抗战以来，各校都几经迁移，能清清楚楚移交者，甚至连几筒蜡纸，几瓶油墨亦无丝毫遗漏，唯绍兴中学耳”。

为了纪念绍中，师生出有《绍中魂》刊物一种，我在龙泉时他们来信要我撰文留念，我乃写了一篇《十年绍中回忆》一文寄去。后来绍中编校史时，把它收入《绍中五十周年纪念册》内。

我在绍中十年，为我一生事业的重点，中经抗日战争，东西播迁②，虽尽心费力，但总算留得地方人士及在校师生的好感，聊可自慰！

阅读延伸

除了“坚苦卓绝”以外，你认为还有哪些词语也可以题在横轴上赠予作者？

阅读延伸

按照文中所写的绍中流亡办学的地名，请画一幅绍中流亡办学的路线图。

---

① 缙云壶镇：位于浙江省丽水市。

② 播迁：迁徙，流离。

人物链接

沈金相(1901—1990)

沈金相(1901—1990),嘉兴兴善寺镇人。早年毕业于南京中央大学教育学院,是毕生献身于教育事业的伟大教育家。先后担任过南京女子中学教务副主任、杭州浙江民众教育实验学校社教科主任、浙江省立第五中学(今绍兴一中的前身)校长、浙江大学龙泉分校训育主任及秘书、浙大师范学院(杭州大学前身)副教授及浙大附中校长等职。

自1931年起,沈金相担任浙江省立第五中学校长长达十年,在解放前的绍中历史上堪称最久,成绩也最为卓著。虽然正值“九·一八”事变,国家风雨飘摇,教育经费极其困难。但是经过沈金相的执着与努力,虽条件艰苦,学校依旧得到持续并稳定的发展。到1937年日本全面侵华为止,绍中在这六年时间内发展到了解放前的全盛时期。之后,日寇入侵浙东,沈金相带领绍中师生辗转千里、流亡办学,先后迁学校至诸暨花明泉、嵊县崇仁廿八都、东阳、永康直至缙云壶镇。历尽颠沛流离之苦,事迹感人,终使学校在乱世中得以保存。

沈金相功高德劭①,春风化雨。1989年5月21日,在沈金相九十华诞之际,在绍兴、杭州等地的学生,会同当地校友,并代表国内外同窗,前去向老校长祝寿。寿堂正中张挂大红寿幛,四周高悬各地学生赠送的寿幛、对联、条幅和母校赠送的匾额。其中,抗战时在诸暨花明泉村校本部毕业的第一届学生用“九秩庆华诞,学界宗师仰北斗;十载承教诲,阶前寸草沐春晖”这副对联来表达对恩师的无限感恩与敬仰。

1990年11月3日,沈金相因病医治无效,不幸逝世,终年90虚岁。噩耗传来,海内外学生、友人无不同声哀悼。追悼会之际,先后收到海内外校友稿件六七十篇,内容丰富、情真意切。随后合成纪念文集,共同追思怀念。

---

① 功高德劭[shào]:道德高尚,功绩卓著。

我为什么要终身当小学教师

斯　霞

内容导读

◆ 邓小平同志说过:“希望你们做一辈子小学教师”。斯霞自慰地回答:“这一点我总算做到了。”沸腾的学校生活,丰富的儿童情趣,吸引着她从一个师范毕业生到一个普通的小学教师到成为一名出色的小学教育家,直至生命的最后时刻,她仍坚守在小学这个三尺讲台上,许身教育。

◆ “母爱教育”几乎成为斯霞的代名词,她以一颗童心,爱学生之所爱,乐学生之所乐,悲学生之所悲。然而,“文革”中,她倡导的“童心”、“母爱”遭到批判,被打成“反动学术权威”、“修正主义黑样板”。教育灌输母爱,真的是资产阶级的吗?如果教育失去爱,又将如何?

◆ 在现代的教育中,教师该如何做到为人师表?学生需要怎样的教育环境,又渴望怎样的教育思潮?

中师的同学们,未来的同行们:屈指算来,我从事小学教育工作已有半个多世纪了。不少同学(包括青年教师)问我:“你为什么总是当小学教师呢?”

“也许是没有机会改做其他工作吧!”不,在我几十年的生涯中,多次出现过可以不做小学教师这一行的机会:我可以请有社会地位的亲朋好友找一个挣钱多而工作轻松的职业,我可以依靠我的大学毕业当工程师的丈夫过清闲生活,我可以在抗战的大后方偏安一隅找个糊口的工作混日子;就是在十几年前,我也可以在江苏省教材编写组呆下去。之后,我也可以不主动辞去南京市教育局

阅读思考

“在十年动乱时期,受到种种批判冲击”,斯霞的“母爱教育”被扣上了资产阶级的帽子。结合你对中国政治建设历史的了解,简析“文革”爆发的原因、过程与影响。

副局长的职务。但是，我没有改变我的初衷、志愿，我仍然心安理得地当一名小学教师。在十年动乱时期，受到种种批判冲击，也没有使我灰心丧气，我把我的一生心甘情愿地许给小学教育事业。即使在年老力衰的今天，只要我不病倒，不外出开会，我仍然天天到校。邓小平同志对小学教师说过：希望你们做一辈子小学教师。我可以无愧地回答：这一点我做到了。

“那么究竟是什么力量使你这么坚定不移地当一辈子小学教师的？”又有人这样问。

说来话就长了。我是从旧社会过来的，我的童年，少年时期是在偏僻的山区度过的。我当时受的教育远没有今天的儿童少年受到的教育优越。但我在母亲的熏陶下，逐渐确立了一个信念，要做一个自食其力、自立于社会的人，不要庸庸碌碌甘当寄生虫。我没有优裕的家庭经济作后盾。当我踏进师范学校大门之后，我就暗自下决心：认真读书，刻苦学习，将来当一个受学生欢迎、尊敬的教师。我的一些大年龄的同学，有的师范未毕业就结婚当家庭妇女了；有的当了一两年“孩儿王”就继续升学改行了。当然他们的生活、待遇都比我强，但我眼不红、心不动。我和小学生在一起，教他们唱歌、游戏、读书、算术、画画，孩子们从不会到会，从不懂到懂，看着他们一天比一天进步，有出息，我感到莫大的快慰，也越觉得教师责任的重大。这也许就是我最早的“人梯”思想。

解放后，我在党和政府的教育下，对人民的教育事业有了进一层的认识，对培养一代又一代的新人和建设社会主义事业的关系有了新的认识，更是一心想着如何做好教育工作。我爱孩子们，了解孩子们，我知道六七岁到十一二岁的小学生除了要接受系统的文化科学基础知识，还正是身心迅速发展的时期，个性逐渐形成的时期，他们需要母亲般的温暖和爱抚，他们需要欢乐的环境，活泼轻松的气氛，他们应该得到和谐的协调的发展。我整天生活在孩子们中间，从他们的表情、动作、言谈中推测他们有什么想法，有什么苦恼，有什么困难，需要得到什

阅读延伸

“我爱孩子们，了解孩子们，我知道六七岁到十一二岁的小学生除了要接受系统的文化科学基础知识，还正是身心迅速发展的时期，个性逐渐形成的时期，他们需要母亲般的温暖和爱抚，他们需要欢乐的环境，活泼轻松的气氛，他们应该得到和谐的协调的发展。”斯霞的“母爱教育”成为一代教育的典范，广为借鉴。而作为教育鼻祖的孔子，其教育思想更是世代相传，影响深远。请结合你对《论语》的学习，谈谈孔子的教育思想。

么帮助……我和孩子们成天相处，他们也给我补充着稚子的童趣，生命的活力，他们天真活泼的动作，纯洁无邪的心灵，也使我变得年轻了。有人说我已是七十多岁的人了，还很活跃，动作也不象（现在用“像”）老年人。我想这大概是受了孩子们的影响吧！

小学教师能够从当人梯、作春蚕的献身精神中真正获得乐趣，当然不是容易的事。特别是最初踏上教育岗位时，往往甜酸苦辣的滋味都会尝到。譬如，要使小学生敬你、爱你、亲你，乐意按照你的要求去行事，这当中就大有学问；要使小学生既聪明活泼，又有礼貌有纪律，这当中也有许多值得研究的问题；即使是最通常的课堂教学，要使全班几十名学生都学得快记得牢，思维发达，智力能力逐步提高，也决非一两个月、一两个学期能够解决的……一般人误认为教师，特别是小学教师、幼儿教师只要有点儿文化就能胜任，这是极大的误解。就是我们受过师范教育的，学过教育学心理学的年轻人，也不一定马上能胜任小学教育工作。

未来的同行们，你们要牢牢记住，我们的工作对象是活泼泼①的人，不是机器，即使他们只是六七岁的娃娃，也有他们各自的思想、情感，有他们对社会上各种事物的看法想法，有他们各自的喜怒哀乐、忧愁爱憎，有他们各自的听从和逆反心理。这要比土地、机器、仪表等等复杂得多。当然，各行各业都有它本身的特点、规律，要做出卓著的成绩来，都不那么容易。因此，我们师范生要为献身教育事业作好充分的思想准备，切不可碰到一点儿困难就打退堂鼓；要在实践中不断摸索掌握教学教育规律。

有些同学说，当小学教师工作辛苦，反而待遇低、福利差，这也许是事实。我的学生，我自己的子女中，工资福利比我高的也不乏其人。

但我并不抱怨，并不懊恼。我们可喜地看到，这几年，党和政府已经采取一些措施提高中小学和幼儿教师

① 活泼泼：宋·葛天民《寄杨诚斋》，“参禅学诗无两法，死蛇解弄活泼泼。”

的社会地位和生活待遇。只是由于我们国家经济基础还很薄弱，不可能一下子大幅度改善广大教师的生活待遇。不过，可以预料，随着国民经济的发展，我们教师的待遇必将进一步得到改善。

更重要的是，我觉得小学教师与中学、大学老师一样，从事的是太阳底下最崇高的事业。

大家还记得吧，前几年报刊上登载过这样的消息：世界核子物理学界女杰、著名的核物理学家吴健雄①博士从美国回到阔别几十年的故乡江苏太仓浏河镇，在幼年读过书的母校和师生亲切交谈的新闻。这件事，使我们真切地感受到：不论是科学家、伟人、普通劳动者，都要从接受基础教育开始；一切有识之士，都是诚挚地怀念和崇敬教导过他们的幼儿园、小学、中学……的老师们。

中师的同学们，我们未来的同行，你们要清楚地认识到这一点：教育，就是这样的一项事业，她不断地造就着数以百万计、千万计的各级各类合格人才。如果把整个教育看作是一座宝塔，那么，我们所从事的小学教育是这座宝塔的基础、底层。任何一位登上宝塔顶端的人，都不可能逾越这一基础教育阶段；任何一个有文化、懂技术、有作为的劳动者都要接受最基础的教育。要提高我国民族的素质、要使我们国家兴旺发达，同样离不开基础教育。去年，国家已为普及九年制义务教育立了法。作为一个小学教师，只要你是勤勤恳恳地问心无愧地工作的，当你满头银丝、额上密布皱纹，不再和孩子一起学习、工作、生活、玩乐时，你可以自豪地说：我已把我的一生献给了教育事业，我在建设祖国的社会主义大厦中已添过砖、加过瓦，我尽了我所能尽的力量。这时，你会感到自慰，因为，人们永远也不会忘记你。

我坚信不疑，教育是一项崇高的事业，是一项建设祖

阅读探究

在斯霞老师的墓碑上镌刻着她常说的一句话："我为一辈子做小学老师感到自豪"。这句话概括了她一生的经历和追求。你认为是什么支撑着她放弃种种选择，一辈子坚守小学教师的岗位，痴迷于讲台？这体现了何种哲理？给予你什么哲学启示？

① 吴健雄（1912—1997），生于江苏省苏州太仓浏河镇，美籍华人，著名核物理学家，被誉为"东方居里夫人"、世界物理女王、原子弹之母、最伟大的实验物理学家。吴健雄主要学术工作是用β衰变实验证明了在弱相互作用中的宇称不守恒，用实验证明了核β衰变中矢量流守恒定律，μ子、介子和反质子物理方面的实验研究，验证"弱相互作用下的宇称不守恒"，在β衰变研究领域具有世界性的贡献。

国四化不可缺少的事业。作为一名人民教师，能为祖国的基础教育事业贡献青春和活力，是光荣的，是应该引以为自豪的，也是值得全社会尊重和羡慕的。而且，我们热爱教育事业，为祖国四化培养出大批各层次的合格的建设人才，正是我们热爱社会主义祖国和社会主义事业的具体体现、也正是我们为国家繁荣富强和人民富裕幸福而艰苦奋斗的献身精神的反映！

努力吧，师范学校的同学们，美好的未来是属于你们的。

（发表于《人民教育》，1987：52—53）

人物链接

斯霞（1910—2004）

斯霞（1910—2004），曾名碧霄，浙江诸暨人，当代初等教育女专家，全国首批特级教师，当时中国语文教育界有“南斯北霍”之称，被誉为“讲台上的梅兰芳”。1927—1929年在省立第五中学（绍兴一中前身）附小开始参加工作，1932年起在中央大学实验学校小学部（南京师范大学附属小学前身）工作。曾被评为全国三八红旗手、全国“五一”奖章获得者、宋庆龄基金会全国“樟树奖”获得者等光荣称号，并当选为第三、五、六、七届全国人大代表、全国劳动模范。曾任南京市教育局副局长、江苏省小学语文教学研究会理事长、全国小学语文教学研究会副会长，全国语言学会理事和全国教育学会常务理事，被聘为全国教材审定委员会委员。她在小学教育教学改革方面独树一帜，所倡导的“童心母爱”教育思想，所创造的“随课文分散识字”的教学方法，在全国教育界产生了广泛影响，被誉为“中国现代教育的引导者”、“小学教育的梅兰芳”、“中国的苏霍姆林斯基”。斯霞老师毕生从事小学教育，为教书育人倾尽心血，贡献卓著。著有《迅速培养小学一年级学生的读写能力》《我的教学生涯》《斯霞教育经验选编》等。

第三单元

星光灿烂出其里

导　语

一切历史都是当代史，这既是因为历史与当下贯通，也是因为人只有立足当下生活才能对过往历史做出有温度、有感情的体认。本单元所选文章多是学人对传统思想文化的思考。

许寿裳与鲁迅相交三十五年，观点常有相通处，一条辫子，许寿裳读出汉人对过去惨痛经历的淡忘与安于被同化、被压迫的奴性，这就与鲁迅批判国民性思想暗合；历史充满悖论，比如夏丏尊眼中的中国历史，因其一味追求有用，反倒在近代处处显得无用——因为一切纯粹的学问、思想都受实用主义空气压抑，不能发展；人说近代中国是“三千年未有之变局”，西洋炮舰叩关后，中国国土沦丧、文化自信丧失，但同时新思想文化也随之孕育，这是中国的近代史，也是蒋梦麟的精神自传，处在大时代中的人已变成历史的微小齿轮；陈桥驿因《水经注》获罪，但命运的拨弄不能改变其爱国热情，他在郦道元对西汉版图的想象中寄托对祖国统一的渴望和将报国心注入学术著作的孤愤，也可说是他自道“发愤著书”“思垂空文以自见”的孤勇；身处旧文化被贬得一文不值的时代，孙伏园的可贵处在于他既能见到香客“少知识”的现状，也能对乡间淳朴的道德观抱同情的理解。

读历史要“入乎其内，出乎其外”。阅读本单元文章既要走进去，观察作者所描述的那个时代，也要走出来，思考作者在描述那个时代时的心理状态和知识结构；既要真切、深透地感知历史情境，也要思考它对我们当下时代、对我们自身的意义。

剪　　辫

许寿裳

内容导读

◆ 自留学日本起，许寿裳和鲁迅有长达三十五年的交谊，“同声相应，同气相求”，不异骨肉。鲁迅去世后，许寿裳曾陆续撰写多篇回忆鲁迅的文章，资料翔实，理解深切，文笔生动，是研究鲁迅和我国现代文学史的珍贵材料，后分别结集《亡友鲁迅印象记》和《鲁迅的思想与生活》两本书出版。

◆ 剪辫子这件事情在清末有着极大的象征意义。对年轻的鲁迅来说，剪辫子是人生成长道路中一次自我的解放，许寿裳用他的笔帮我们记录下了这一宝贵的场景。我们可以结合鲁迅的诸多作品来体味鲁迅对辫子的厌恶之情。

一九〇二年初秋，我以浙江官费派往日本东京留学，初入弘文学院预备日语；鲁迅已经在那里。他在江南班，共有十余人，也正在预备日语，比我早到半年。我这一班也有十余人，名为浙江班，两班的自修室和寝室虽均为毗邻①，当初却极少往来。我们二人怎样初次相见，谈些什么，已经记不清了。大约隔了半年之后吧，鲁迅的剪辫，是我对他的印象中要算最初的而且至今还历历如在目前的。

留学生初到，大抵留着辫子，把它散盘在囟门上，以便戴帽。尤其是那些速成班有大辫子的人，盘在头顶，使得制帽的顶上高高耸起，形成一座富士山，口里说着怪声

阅读思考
结合你所知道的历史知识，说说当时为什么大量中国人前往日本留学？除了鲁迅，你还知道近代哪些名人有过日本留学经历？

阅读思考
清政府为何派监督率领学生出国？你怎么看待邹容等人的行为？

① 毗(pí)邻：毗连。

怪气的日本话。小孩们见了，呼作“锵锵波子”。我不耐烦盘发，和同班韩强士，两个人就在到东京的头一天，把烦恼丝剪掉了。那时江南班还没有一个人剪辫的。原因之一，或许是监督——官费生每省有监督一人，名为率领学生出国，其实在东毫无事情，连言语也不通，习俗也不晓，真是官样文章——不允许吧。可笑的是江南班监督姚某，因为和一位姓钱的女子有奸私，被邹容[①]等五个人闯入寓中，先批他的嘴巴，后用快剪刀截去他的辫子，挂在留学生会馆里示众，我也兴奋地跑去看过的。姚某便只得狼狈地偷偷地回国去了。鲁迅剪辫是江南班中的第一个，大约还在姚某偷偷回国之先，这天，他剪去之后，来到我的自修室，脸上微微现着喜悦的表情。我说：“阿，壁垒一新[②]！”他便用手摩一下自己的头顶，相对一笑。此情此景，历久如新，所以我说这是最初的，而且至今还历历如在目前的一个印象。

鲁迅对于辫子，受尽痛苦，真是深恶而痛绝之，他的著作里可以引证的地方很多，记得《呐喊》[③]便有一篇《头发的故事》，说头发是我们中国人的宝贝和冤家。晚年的《且介亭杂文》[④]里有云：

阅读思考
鲁迅为什么那么痛恨辫子？

> 对我最初提醒了满汉的界限的不是书，是辫子。这辫子，是砍了我们古人的许多头，这才种定了的，到得我有知识的时候，大家早忘却了血史，反以为全

---

① 邹容(1885—1905)，中国近代民主革命家，其所著《革命军》是当时宣传辛亥革命最有力的作品。《苏报》案发生后，于7月1日至巡捕房投案，被囚于租界监狱。邹容被租界当局判监禁两年，折磨致病。1905年4月3日死于狱中。1912年3月29日，经孙中山批准，南京临时政府追赠为大将军。

② 壁垒一新：营垒顿然改观，出现新的气象。也比喻布局结构焕然一新。

③ 《呐喊》是现代文学家鲁迅的短篇小说集，收录鲁迅于1918年至1922年所作的14篇短篇小说，1923年由北京新潮社初版，现编入《鲁迅全集》第1卷。《呐喊》是中国现代小说的开端与成熟的标志，开创了现代现实主义文学的先河。作品通过写实主义、象征主义、浪漫主义等多种手法，以传神的笔触和“画眼睛”、“写灵魂”的艺术技巧，形象生动地塑造了狂人、孔乙己、阿Q等一批不朽的艺术形象，深刻反映了19世纪末到20世纪20年代间中国社会生活的现状，有力揭露和鞭挞了封建旧恶势力，表达了作者渴望变革，为时代呐喊，希望唤醒国民的思想。奠定了鲁迅在中国现代文学史和现代文化史上的地位。

④ 1935年，鲁迅居住在上海闸北四川路帝国主义越界筑路区域，即“半租界”，收集1934年所作杂文，命名为《且介亭杂文》，“且介”即取“租界”二字各一半而成，意喻中国的主权只剩下一半。后又有《且介亭杂文二集》、《且介亭杂文末编》。

留乃是长毛，全剃好像和尚，必须剃一点，留一点，才可以算是一个正经人了。而且还要从辫子上玩出花样来：……（《病后杂谈之余》）

鲁迅回国之后，照例装假辫子，也受尽侮辱，同书里有云：

“不亦快哉！”——到了一千九百十一年的双十，后来绍兴也挂起白旗来，算是革命了，我觉得革命给我的好处，最大，最不能忘得是我从此可以昂头露顶，慢慢的在街上走，再不听到什么嘲骂。几个也是没有辫子的老朋友从乡下来，一见面就摩着自己的光头，从心底里笑了出来道：哈哈，终于也有了这一天了。（同上）

鲁迅的那篇绝笔《因太炎先生而想起的二三事》（《且介亭杂文末编》）有云：

……假使都会上有一个拖着辫子的人，三十左右的壮年和二十上下的青年，看见了恐怕只以为珍奇，或者竟觉得有趣，但我却仍然要憎恨，愤怒，因为自己是曾经因此吃苦的人，以剪辫为一大公案的缘故。我的爱护中华民国，焦唇敝舌，恐其衰微，大半正为了使我们得有剪辫的自由。假使当初为了保存古迹，留辫不剪，我大约是决不会这样爱它的。

看了上面所引，鲁迅在初剪辫子的时候，那种内心的喜悦，也就可以推测，无怪不知不觉地表现到脸上来了。

（选自《亡友鲁迅印象记》）

阅读延伸

你还知道哪些鲁迅作品中有和辫子有关的内容？

人物链接

许寿裳（1883—1948），字季茀，号上遂，浙江绍兴人，中国近代著名学者、传记作家、教育家。1897年就读于绍郡中西学堂（绍兴一中前身），次年转入杭州求是学院，学习成绩优异，深得师长嘉许。1902年以浙江官费派往日本留学，入东京弘文学院补习日语，与鲁迅相识，成为终身挚友。1903年夏，主编革命刊物《浙江潮》，为宣传革命做了有益的工作。1904年考入东京高等师范学校史地科。1907

许寿裳（1883—1948）

年11月加入孙中山为总理的中国同盟会。1908年春，在东京高等师范学校毕业，在《河南》杂志上发表长篇论文《兴国精神之史曜》，阐述精神力量在欧洲各国复兴时的积极作用，表达他对改造国民精神的迫切心愿和振兴故国的强烈企望。

1909年4月，许寿裳从日本回国，在杭州浙江两级师范学堂任教务长。辛亥革命后，任浙江军政府财政司秘书。南京临时政府成立后，应教育总长蔡元培邀，任教育部佥事、科长、参事和普通教育司司长，兼任北京大学、北京高等师范学校教授。1917年冬起，历任江西省教育厅厅长、教育部编审、北京女子高等师范学校校长。

1925年，北京爆发"女师大风潮"，许寿裳支持鲁迅和进步师生正义斗争，被段祺瑞政府通缉，愤然离校，到中山大学中文系任教授。不久，应蔡元培之邀，许寿裳赴南京任大学院（即以后的中央研究院）参事、秘书长，后又任中央研究院文书处主任等职。1934年北上，任北平大学文理学院院长。抗日战争爆发后，任西北联大史学系主任、商学院院长、国文系教授以及华西大学教授等职。

1937年与周作人共同编撰《鲁迅年谱》。历任北京大学、北京高等师范学校、成都华西大学、西北联大等校教授。1946年台湾行政长官陈仪邀请许寿裳主持台湾省编译馆，不久编译馆裁撤后并入教育厅管辖，转往台湾大学任教，常批评国民党派所主导的法西斯教育改革。1948年2月18日，许寿裳在台大宿舍被暗杀身亡。

在鲁迅一生相交的朋友中，以许寿裳与他的关系最为密切，可谓"同声相应，同气相求"。许寿裳是鲁迅的同乡、同学和同事，比鲁迅小两岁的许寿裳与鲁迅相识相交长达35年。是许寿裳介绍鲁迅先后到浙江两级师范学堂、教育部工作。鲁迅去世后，许寿裳承担起了整理亡友鲁迅文字的重任。鲁迅与许寿裳的关系，不仅是乡情、同窗之谊，而是有着兄弟之情，许广平叹为"求之古人，亦不多遇"。

中国的实用主义

夏丏尊

内容导读

- ◆ 在"五四"新文化运动特殊的历史背景下，每个新文化知识分子都以启蒙的视角对中国传统文化产生了自己新的理解。夏丏尊对中国文化也有自己的独到看法。他认为，中国文化太重视"实用"，"中国人因为几千年抱实利实用主义的缘故，一切都不进化"。
- ◆ 如果说在器物层面重视实用主义还情有可原，那么如果在"学问"、"宗教"、"思想"、"文学"、"艺术"等形而上层面也堕入实用主义的泥淖，结果是，"无纯粹的历史，无纯粹的宗教，无纯粹的艺术，无纯粹的文学"，那么，我们这个民族最终能走得远吗？
- ◆ 在中国，实用主义需要怎样的转化才能真正有"用"、有"利"于我们民族的实际发展呢？

前天，本校数学教师刘心如先生和我说："有一个学生问我，数学学了有什么用？"我听了他的话，不觉想起了从书上看见过的一件故事来。几何学的老祖宗欧几利德曾聚集了许多青年教授几何，其中有一青年对于几何学也发生了学了有什么用的疑问来，去问欧几利德。欧几利德叫人拿两个铜币给他。这青年莫名其妙起来。欧几利德和他说："你不是问'用'吗？铜币是可'用'的，你拿去用吧！"

刘先生在本校所用的数学教科书是美国布利士的混合数学。美国是以重实用出名的国度，哲学上的实用主义，美国很有几个大家，美国的教育全重实用。这重实用的布利士的数学教科书，学了还怕没有用，中国人的实用狂，程度现在美国以上了！

中国民族的重实利由来已久，一切学问、宗教、文学、思想、艺术等等，都以实用实利为根据。

一、学问　中国古来少有独立的学问：历史是明君臣大义的；礼是正人心的；乐是移风易俗的；考据①金石之学②是用以解经③的……哪一件不是政治或圣人之经的奴隶？这就是各种学问的用处！

二、宗教　中国古来宗教的对象是天，"畏天""敬天"等语时见于古典中。可是中国人对于天的敬畏，全是以吉凶祸福为标准的，以为天能授福，能降凶，畏天敬天就是想转凶为吉，避祸得福。这种功利的宗教心，和他民族的绝对归依的宗教心全异其趣。佛教原是无功利的色彩的，一传入中国也蒙上了一层实利的色彩。民众间的求神或为求子，或为免灾。所谓"急来抱佛脚"，都是想"抛砖引玉④"，取得较多的报酬。

三、思想　中国无唯理哲学⑤。《易经》⑥总算是论高远的哲理的，但也不是为理说理，是以为明了理可以致用的。什么吉，什么凶，什么祸福等类的词，充满于全书中。可见，《易经》虽说抽象的哲理，其目的所在仍是具体的实

阅读思考

作者在文中说道："中国人对于天的敬畏，全是以吉凶祸福为标准的，以为天能授福，能降凶，畏天敬天就是想转凶为吉，避祸得福。这种功利的宗教心，和他民族的绝对归依的宗教心全异其趣"。中国人的宗教信仰和西方人的宗教信仰有什么不同？你如何看待古代中国人的"畏天敬天"思想？

---

① 考据：即"考证"。根据事实的考核和例证的归纳，提供可信的材料，从而得出某种结论，主要通过训诂、校勘和资料搜集等方法研究历史、语言等。

② 金石学：中国考古学的前身。其主要研究对象为古代的铜器和碑石，特别是其上的文字铭刻及拓片；广义上还包括竹简、甲骨、玉器、砖瓦、封泥、兵符、明器等一般文物。"金"就是铜的意思，铜器，有铭文，上面有字的铜器；"石"多半指的是有文字的石刻。

③ "解经"即解释经义，一般叫做"传(zhuàn)"，比如《左传》就是解释经书《春秋》的。

④ 抛砖引玉，抛出砖去，引回玉来。通常用自己的意见或文字引出别人的高见或佳作的谦辞。

⑤ 笛卡儿是法国唯理主义的奠基人，他指出：检验真理的标准和获取正确知识的途径不是感觉经验，即与经验主义相对，而是理性。他主张用理性代替盲目信仰，反对宗教权威，具有一定的进步的意义。他的思想适应十七世纪法国社会发展的需要，对法国文学起的作用比伽桑狄大得多。

⑥ 《易经》指夏代的《连山》、商代的《归藏》及周代的《周易》，这三部经卦书统称为易经。其中《连山》、《归藏》已失传，传世的只有《周易》一本。从本质上来讲，《易经》是阐述关于变化之书，长期被用作"卜筮"。"卜筮"就是对未来事态的发展进行预测，而《易经》便是总结这些预测的规律理论的书。《易经》涵盖万有，纲纪群伦，是中国传统文化的杰出代表；广大精微，包罗万象，亦是中华文明的源头活水。

用，怪不得到现在流为占卜[①]的工具了。到了孔子，这实用主义越发明白表示了。“未知生，焉知死”，“子不语怪力乱神”，是何等现世的，实利的！孟子以后，这实利主义更加露骨。孟子教梁惠王齐宣王行仁义，都是以“利”或富国强兵为钓饵的。

和孟子相较，老子的思想似乎去实用较远，其实内面仍充满着实利的分子。老子表面上虽主张无为，其目的却在提倡了“无为”去做到“无不为”；在某种意义上，实利的欲望可谓远过于孔孟，观法家思想的出于老子，就可知道老子的精神所在了。

阅读延伸

作者说：“和孟子相较，老子的思想似乎去实用较远，其实内面仍充满着实利的分子”。你能否举出实例来说明老子的思想“仍充满着实利的分子”？《易经》、孔子、孟子分别是如何体现“实用主义”的？

四、文学　“文以载道[②]”的中国当然少有纯粹的文学。我们试看上古的文学内容怎样，不是大多数是讽政治之隆污，颂君后之功德的吗？一部《诗经》中纯粹的抒情诗有几？偶然有几首人情自然流露如男女恋爱的诗，也被注家加上别的解释了。《诗经》以后的诗虽实利的分子较少，但往往被人视为小道，视为雕虫小技，除一二所谓“好学者”外是少有兴味的。戏曲小说也是这样，教做劝善惩恶或移风易俗的奴隶。无论如何龌龊[③]的戏剧和小说，只要用着什么“报”字为名，就都可当官演唱，毫无顾忌。做小说戏曲的人也要有益与世道人心的，无益于世道人心的文字在这个是不能存在的！

五、艺术　这个虽是古国，可是艺术很不发达，因为艺术和实用是不相调和的。中国历史上的旧建筑物只有城垒等等，至于普通家屋，到现在还不及世界任何的文明

---

① 占卜(bǔ)，过去常见的迷信活动。占，观察之意；卜，起初用火灼龟壳，从其裂纹形式预测人与事的吉凶祸福。大而言之，如开战、出巡等，小而言之，如婚嫁、出行等，感到左右为难时，用占卜决定之。它反映上古社会的一些情况，保存了古人一些思想认识资料，提出阴阳概念和“无平不陂，无往不复”的观点，寓有朴素辩证法思想，对后世的思想影响很大。

② 文以载道：宋代周敦颐在《通书·文辞》中说：“文所以载道也。文，辞艺也。道，德实也。笃其实而艺者书之，美则爱”。后人引申为文章是用以表达思想的。这里所说的“道”，是指儒家的传统伦理道德。在周敦颐看来，写作文章的目的，就是要宣扬儒家的仁义道德和伦理纲常，为封建统治的政治教化服务；评价文章好坏的首要标准是其内容的贤与不贤，如果仅仅是文辞漂亮，却没有道德内容，这样的文章是不会广为流传的。

③ 龌龊(wò chuò)：肮脏。

国。佛教传入以后，带来许多的佛教艺术来，造像、塔、寺殿等，到中国后虽无远大进步，仍不失为中国艺术上的重要部分。中国对艺术皆用实利的眼光去看，替艺术品穿上一件实利的衣裳①。秦汉以来金石上的吉祥语就是这心情的表现。再看中国画上的题句吧！画牡丹花的，要题什么“玉堂富贵”；画竹子的，要“华封三祝②”。水墨龙画是可以辟③火的，钟馗④像是可以辟⑤邪的，所以大家都喜欢挂在厅堂里。

中国的实利主义的潮流发源可谓很远，流域也很广泛，滔滔然几乎无孔不入。养子是为了防老，娶妻是为了生子，读书是为了做官，行慈善是为了名声……除用“做什么是为什么”来做公式外，实在说不尽！中国对于事情非有利不做，而所谓利，又是眼前的、现世的、个人的利。凡事要讲“用”，凡事要用利来引诱才发生兴趣，所谓“利之所在，人必趋之”。凡事要讲“用”，要问“有什么用?”怪不得现在大家流行所谓“利用”的手段了！

中国人经商向来是名闻全球的。其实，中国人是天生的好商人，即不经商的官僚、兵卒、学者、教师，也都含有商人性质的。

这样传统的实利实用思想，如果不是不除去若干，中国是没有什么进步可说的！我们生活在地球上，要绝对地不管实用原是不可能的事，但不应只作实用实利的奴隶。世界的文明有许多或是由需要而成的，例如因为要避风雨就发明了房屋，因为要充饥就发明了饮食等。但我们究不应说房屋只要能避风雨就够，饮食只要能充饥就够的。中国人的实用实利主义，十足扑杀一切文明的进化。

阅读延伸

联系所学的知识说说中国画的艺术特色。在中国画中融文学、书法、绘画、篆刻等多种艺术为一体的绘画形式叫什么？它追求和注重什么？

---

① 裳，shāng。

② 华(huá)封三祝：成语，华：古地名，今华州。封：疆界，范围。华封：华州这个地方。华州人对上古贤者唐尧的三个美好祝愿。即：祝寿、祝富、祝多男子，合称三祝。今以“华封三祝”为祝颂之辞。【典出】：《庄子·天地》：“尧观乎华。华封人曰：请祝圣人，使圣人富，使圣人寿，使圣人多男子。”

③ 辟(bì)：此处作“消除”解。

④ 钟馗(kuí)：中国民间传说中能打鬼驱邪除祟之神。

⑤ 辟(bì)：此处作“消除”解。

又，文明之中，有大部分是发明者先无所为，到了后来却有大用大利的。瓦特用心研究蒸汽力时，何尝想造火车头？居里研究镭，何尝想造夜光表？化学学者在试验室里把试验管用心观察，发明了种种事情，何尝是为了开工场作富翁？发明电气的何尝料到可以驶电车？

人类有创造的冲动，种种文明都可以说是创造冲动的产物。中国人的创造冲动都被浅薄的实用实利主义压灭了！你看，孜孜于实用实利的中国人，有像瓦特、居里那样的文明的创造者发明者吗？旧有的文明有进步吗？火药是中国发明的，在中国不是只作鞭炮吗？罗盘是中国发明的，不是到现在只用来看风水吗？

阅读思考

你认可作者在文章中对中国人重视“实用主义”的批评吗？你认为中国人之所以如此重视“实用主义”的文化根源在哪里？请简要谈谈你的看法。

惟其以实用实利为标准，结果愈无利可得，无用可言。因为对一切的要求都太低，当然不会发生较高的欲望来。例如中国人娶妻的目的在于生子，那么就只是有生殖机关的女子就不妨做妻了！社会上情形确实如此。你看这要求何等和平客气，真是所谓“所欲不奢”了！

中国人因为几千年抱实利实用主义的缘故，一切都不进化。无纯粹的历史，无纯粹的宗教，无纯粹的艺术，无纯粹的文学，并且竟至于弄到可用的物品都没有了！国民日常所用的物品，有许多都要仰给外人，金钱也流到外人的手里去！

几千年来抱着实利实用主义的中国人啊！你们的“用”在哪里？你们的“利”在哪里？

（原发表于1923年1月8日《国民日报》副刊《觉悟》

选自《夏丏尊文集》，浙江人民出版社，1983年，第28—32页）

人物链接

夏丏尊（1886—1946），名铸，字勉旃，后（1912年）改字丏（miǎn）尊，号闷庵。我国著名的文学家、教育家、出版家和翻译家。浙江绍兴上虞崧厦人。

夏丏尊自幼饱读四书五经和中国古典文学著作。17岁考入上海中西书院。

夏丏尊(1886—1946)

1903年到绍兴府学堂(绍兴一中前身)读书。1905年留学日本,1907年因学费无着,中途辍学回国。1908年开始从事文化教育工作,受聘于浙江两级师范学堂,担任日籍教员的通译、助教。为反对学堂监督夏震武的尊孔复古,与鲁迅、许寿裳等同事相率罢教,迫使夏震武辞职。两级师范学堂改为第一师范学校后,被选为校友文艺部部长,与该校教师刘大白、陈望道、李次九支持校长经亨颐,提倡新文化,推动教学改革,被称为"一师"的"四大金刚"。次年,由于守旧势力的排挤,夏丏尊在"一师风潮"后被迫离校,应聘去长沙湖南第一师范任教,与毛泽东共事。

1921年,夏丏尊离湘回到家乡上虞,在春晖中学担任国文教员,并建起"平屋"定居,邀请好友朱自清、王任叔(巴人)等前往春晖中学执教。他利用教学业余时间,翻译意大利作家亚米契斯提倡平民教育、博爱精神的长篇小说《爱的教育》,此书出版后风靡全国,风行二十余年。夏丏尊在春晖中学提倡学生要好学多问。外界评论说,李叔同实施的是"爸爸的教育",而夏丏尊实施的是"妈妈的教育"。因为他在春晖中学的管理上很宽、很细,但也很严格。

1925年,夏丏尊离开春晖中学到上海立达学院教国文,参加叶圣陶、朱光潜、沈雁冰等人组织的立达学会,负责编辑会刊《一般》。1927年任上海暨南大学中国文学系主任,开明书店编辑所长。"四·一二"反革命政变后,国民党反动派加紧"清查",屠杀共产党人和爱国志士。夏丏尊在浙江第一师范时的学生叶天底、宣中华相继遇害。夏丏尊于是辞去一切教职,回到白马湖畔的平屋,挂起"天高皇帝远,人少畜生多"的对联以示抗议,直到1931年才又回沪,和叶圣陶一起主持开明书店出版的《中学生》杂志,提倡爱国主义,反对封建主义和法西斯主义。1936年创办《新少年》杂志,任社长,从事对青少年进行民主思想和科学知识的教育工作。同年,中国文艺家协会成立,夏丏尊被推为主席。抗战期间,他团结广大爱国、进步文化人士,坚持出版大量进步书籍,遭日本宪兵司令部逮捕,后经日本友人内山完造营救出狱。1946年病逝于上海。当年重庆《新华日报》发表社论《悼夏丏尊先生》,称赞他"贫贱不能移,富贵不能淫,威武不能屈",是"致力于文化运动和民主运动"的"民主主义文化战线的老战士","曾建树不可磨灭的功绩。"

西风东渐

蒋梦麟

内容导读

◆《西潮》是蒋梦麟的自传性作品。在抗战期间连天的炮火里，作者从自己的童年说起，记录了中国近代至1941年的中国历史。他从自己的所听闻的，所经历的那些事情讲开去，为我们展开了一幅西潮拍岸下的近代史。

◆ 本文选自《西潮》的第一章。蒋梦麟回顾了东西方文化交流的历史，描述了自己出生以前，西方叩开中国国门给中国带来的种种变化。作者描述的这种西潮至今深刻地影响着中国，今天的我们仍然需要去认真思考东西方文化的融合问题。

差不多2000多年以前，几位东方的智者，循着天空一颗巨星的指示，追寻到一个新宗教的诞生地。这个宗教便是基督教。基督教后来在西方国家的生活中占着极其重要的地位。基督教以和平仁爱为宗旨，要求教徒们遇到“有人掌掴你的右颊时，你就把左颊也凑过去”。基督教的教徒经过不断的磨难和挫折，不顾罗马猛狮的威胁和异教徒的摧残迫害，逆来顺受，终于在罗马帝国各民族之间传播开来了。几百年之后，它以同样坚忍的精神慢慢地流传到中国。

> 阅读思考
> 明朝时，除了基督教传入，还有哪些中西交流的例子？

景教[①]徒在唐朝（公元618—907）时来到中国，唐室

---

① 景教：即唐代正式传入中国的基督教聂斯脱里派，也就是东方亚述教会。景教起源于今日叙利亚，是从希腊正教（东正教）分裂出来的基督教教派，由叙利亚教士君士坦丁堡牧首聂斯脱里于公元428—431年创立，在波斯建立教会。景教被视为最早进入中国的基督教派。唐朝时曾一度在长安兴盛，并在全国都建有“十字寺”，但多由非汉族民众所信奉。

君主曾为他们建造了景教寺，但是景教徒的传教成绩却很有限，再过了几百年，在17世纪中叶，耶稣会教士带着西方的天文学来到中国，终于得到了明朝（公元1368—1644）皇帝的垂青①。

在这同时，活力旺盛的西方民族，不但接收了新兴的基督教，而且发展了科学，完成了许许多多的发明，为近代的工业革命奠定了基础。科学和发明渐渐流传到了东方，先是涓涓滴滴地流注，接着汇为川流江涛，最后成为排山倒海的狂潮巨浪，泛滥整个东方，而且几乎把中国冲塌了。

中国人与基督教或任何其他宗教一向没有什么纠结，不过到了19世纪中叶，基督教与以兵舰做靠山的商业行为结了伙，因而在中国人心目中，这个宣扬爱人如己的宗教也就成为了侵略者的工具了。人们发现一种宗教与武力形影不离时，对这种宗教的印象自然就不同了。而且中国人也实在无法不把基督教和武力胁迫相提并论。慢慢地人们产生了一种印象，认为如来佛是骑着白象到中国的，耶稣基督却是骑在炮弹上飞过来的。

阅读思考

你能说出哪些“以兵舰做靠山的商业行为”？这些行为对中国经济造成了怎样的影响？

我们吃过炮弹的苦头，因而也就对炮弹发生兴趣。一旦我们学会制造炮弹，报仇雪耻的机会就来了。我们可以暂时不管这些炮弹是怎么来，因为对我们这些凡夫俗子而言，保全性命毕竟比拯救灵魂来得重要。

历史的发展真是离奇莫测。我们从研究炮弹而研究到机械发明；机械发明而导致政治改革；由于政治改革的需要，我们开始研究政治理论；政治理论又使我们再度接触西方的哲学。在另一方面，我们从机械发明而发现科学，由科学进而了解科学方法和科学思想。一步一步地我们离炮弹越来越远了，但是从另一个角度来看，可以说离炮弹越来越近了。

---

① 1601年，利玛窦与西班牙耶稣会士庞迪我获准长驻北京传教。此后，西方耶稣会传教士纷纷来华，如汤若望、艾儒略、南怀仁、卫匡国等人按利玛窦的方式以其西学知识来助其学术传教，掀起了西学东渐的高潮。其间返欧的传教士亦将中国思想文化知识带入欧洲，从而引起东学西传的结果。

故事说得很长，但是都是在短短100年之内发生的，而且紧张热烈的部分还不过50年的样子。我说100年，因为香港本来可以在1942年庆祝香港成为英国领土的100周年纪念，但是这也是历史上偶然的一件事，英国的旧盟邦日本却在前一年以闪击方式把香港抢走了。我提到香港，决不是有意挖旧疮疤，而是因为香港在中国欧化的早期历史中，恰恰是现成的纪程碑。大家都知道，香港这群小岛是中国在所谓“鸦片战争”中失败以后在1842年割让给英国的。这次战争的起因是中国继禁止鸦片进口之后，又在广州焚毁大批鸦片。鸦片是英国由印度输出的主要货物，于是英国就以炮弹回敬中国，中国被击败了。

阅读延伸
结合所学知识，说说香港问题的由来以及它是如何回归祖国的？

1842年的中英条约同时规定中国的五个沿海城市开放为商埠。这就是所谓“五口通商”。大批西方商品随着潮涌而至。这五个商埠以差不多相似的距离散布在比较繁盛的中国南半部，为中国造成了与外来势力接触的新边疆。过去中国只有北方和西北那样的内陆边疆，现在中国的地图起了变化，这转变正是中国历史的转捩点①。

这五个商埠——广州、厦门、福州、宁波和上海——由南向北相互衔接，成为西方货品的集散地，舶来品由这五个口岸转销中国最富有的珠江流域和长江流域各地。

阅读思考
结合所学知识，简述近代中国人向西方学习的历程？

西方商人在兵舰支持下像章鱼一样盘踞着这些口岸，同时把触须伸展到内地的富庶省份。中国本身对于这些渗透并不自觉，对于必然产生的后果更茫无所知。亿万人民依旧悠然自得地过着日子，像过去一样过他们从摇篮到坟墓的生活，从没想到在现代的工作上下工夫。一部分人则毫不经心地开始采用外国货，有的是为了实用，有的是为了享受，另一些人则纯然为了好奇。

但是，西方列强的兵舰政策不但带来了货品和鸦片，同时也带来了西方科学文化的种子。这在当时是看不出来的，但是后来这些种子终于发芽滋长，使中国厚蒙其

阅读延伸
中国是如何丢掉台湾的？最后又是何时从日本手中收回台湾的？

① 转捩(liè)点：转折点。

利——这也是历史上的一大讽刺。

这时候，日本也正以一日千里之势向欧化的途程迈进，中国对此毫无所觉。半世纪以后，这个蕞尔[①]岛国突然在东海里摇身一变，形成一个硕大的怪物，并且在1894年出其不意地咬了东亚睡狮一大口。中国继香港之后又丢了台湾。这只东亚睡狮这时可真有点感到疼痛了，茫茫然揉着惺忪的睡眼，不知道究竟是什么扰了它的清梦。

我原先的计划只是想写下我对祖国的所见所感，但是当我让这些心目中的景象一一展布在纸上时，我所写下的可就有点像自传，有点像回忆录，也有点像近代史。不管它像什么，它记录了我心目中不可磨灭的景象，这些景象历历如绘地浮现在我的脑际，一如隔昨才发生的经历。在急遽[②]递嬗[③]的历史中，我自觉只是时代巨轮上一颗小轮齿而已。

（蒋梦麟自传《西潮》第一章）

人物链接

蒋梦麟（1886—1964），原名梦熊，字兆贤，号孟邻，浙江余姚人，中国近现代著名的教育家。蒋梦麟出生于浙江余姚的蒋村，余姚在当时属于绍兴府。在家乡读完私塾以后，蒋梦麟就和两位兄长一样被父亲送到了绍兴府城里进一步深造。当时他们就读的就是刚刚创办不久的绍郡中西学堂（即绍兴一中的前身）。

当时的绍郡中西学堂刚刚创立不久，这是在维新思潮影响下兴起的新式学堂。这种既教授中国旧学，又教授西洋新学的新式教育，对蒋梦麟一生产生了重要的影响。就在蒋梦麟入读绍郡中西学堂那一年，蔡元培辞官回到家乡，应邀成为了绍郡中西学堂的总理，也就是校长。这是蔡元培服务于新式学校的开始，也是蒋梦麟与蔡元培师生之谊的开始。当时的绍郡中西学堂在蔡元培的主持下引进了各方面高水平的教师，这些师资不但在当时的绍兴，即便是在全国同类新式教育机构中也属

---

① 蕞(zuì)尔：形容小(多形容地区小)。

② 急遽(jù)：急速，匆忙。

③ 递嬗(shàn)：依次更替，逐步演变。

于上乘。蒋梦麟也在这里真正接触到了西方文化。

蒋梦麟(1886—1964)

而绍郡中西学堂在当时起到的作用不但是西学的传播,更是推动着中国社会的变革。蒋梦麟在中西学堂求学的两年,恰好发生了维新变法运动,蔡元培回到家乡也是因为对清廷守旧势力的不满。在蔡元培主政绍郡中西学堂期间,他自身对于革新的理念也深刻地影响了自己的学生。蒋梦麟在自己的回忆录里记载了一件蔡元培在中西学堂当校长时的趣闻:"有一天他晚上参加一个宴会,酒过三巡之后推杯而起,高声批评康有为、梁启超维新运动的不彻底,因为他们主张保存满清皇室来领导维新。说到激烈时,他高举右臂大喊道:'我蔡元培可不这样。除非你推翻满清,否则任何改革都不可能!'"除了蔡先生,年轻的蒋梦麟在中西学堂的另一位老师更是一个激烈的革命者,那就是徐锡麟。当时,徐锡麟是蒋梦麟的算学老师。后来徐锡麟在安庆起义失败时一起牺牲的就有徐的两位学生——陈伯平、马宗汉。陈、马两人也是蒋梦麟的同学,在赴安庆举事前,陈、马曾在上海逗留一段时间。两人在沪期间几乎每天都去找当时在南洋公学念书的蒋梦麟谈革命运动,还约蒋梦麟一起去安庆。恰好当年蒋梦麟另有行程安排去日本,没有参加这次起义。年轻的蒋梦麟深受身边的这些革命志士的影响,立志要用自己的实际行动改变中国。

1899 年蒋梦麟随家迁往上海。1908 年暑假参加浙江省官费留美考试,后赴美深造,入加州大学伯克利分校,先习农学,后转学教育。1912 年于加州大学伯克利分校毕业,随后赴纽约哥伦比亚大学研究院,师从著名哲学家杜威,研习教育学。1917 年获哲学博士学位,旋即回国。归国后,蒋梦麟先任商务印书馆编辑,兼任江苏教育会理事,主办《新教育》杂志,致力于新教育思想的传播。五四运动后期,受蔡元培的重托,代为主持北京大学校务。蒋梦麟作为代理校长和校长前后主政北大近二十年,是北大历史上任职时间最长的校长,为北大的发展做出了不可磨灭的贡献,被称为"北大功狗"。

朝山记琐

孙伏园

1. 本文最早刊于1925年5月13日的《京报副刊》，是一篇记叙京西妙峰山进香风俗的社会调查和游记。当时孙伏园、顾颉刚、容肇祖、容庚、庄尚严等一行五人，入乡随俗，扮成香客，跟着进香的人们，观赏妙峰山香市。这是“五四”以后民俗学家们较早的一次考察活动。本文详细记叙了作者在考察活动中的所见所闻，表达了对传统民俗的思考和感悟，充满了温情与本真。
2. 孙伏园的游记散文笔调朴实平缓，庄谐交织；行文轻松自由，信手拈来，不拘一格；又总能在庸常凡俗的生活小事上揭示出对社会人生的文化思考。本文通篇偏重知识，文字潇洒，轻松幽默，是游记文学中的上乘之作。

朝　山

人毕竟是由动物进化来的，所以各种动物的脾气还有时要发作，例如斯丹利霍尔说小孩子要戏水是因为鱼的脾气发作了。朝山这件事，在各派宗教里虽然都视为重要；但无论他们怎样用形而上①的讲法说到天花乱坠，在我却不妨太杀风景的说一句：除了若干宗教信仰等等的分子以外，朝山不过是人的猴子脾气之发作。我们到

① 中国古代哲学术语。《易经·系辞上》：“形而上者谓之道，形而下者谓之器。”认为法则是无形的，称为形而上；器用之物是有形的，称为形而下。这一对概念提出后，在中国哲学史上逐渐被哲学家引申为表述抽象和具体、本质和现象、本原和派生物的范畴。

妙峰山去的五个人当中，至少我自信是有些如此的。

我国西南一带的山水我没有见过，尝①听朋友们讲述是怎样的秀丽伟大而又多变化，在国内大抵②要算最好的了。东南我是大略知道的，比不上西南自不消说，但每谓比北方一定是比得上而且有余的。泰山算得什么呢，在北方居然出了几千年的风头，我以为其余可想而知了。所以人在北方是不大会作游山之想的。自去年看见清瘦而又崇高的华山以后，虽然没有去游，但“北方之山近于土堆”的意见渐渐打破了。而妙峰山又是我生平所见第二次北方的好山。在这样的山中行走，我们才知道我们的祖宗从前是怎样的为我们开辟世界，我们现在住着的世界是曾有人不靠物质的帮助而肉搏出来的。我们虽然是步行，在好像用几个“之”字拼合起来的山道上步行，自以为刻苦了，差胜于大腹便便的或是莺声呖呖的坐轿的老爷太太们了；但是我们有开好了的路，有点好了的路灯，沿途有茶棚可以休息喝茶，手上又有削好了随处可以买到的桃树杖，前途又一点也没有什么猛兽或敌人的仇视，而有的只是一见面便互嚷“虔诚！虔诚！”的同一目的的香客。我们是何等的幸福呵！但是我们还觉得苦，这可以证明我们过惯了城市的生活，把我们祖先的强健的性习全丢掉了。

讲究的国家有公共体育场，有公共娱乐所，有种种完美的设备，可以使身体壮健精神愉快的。我们虽然知道这些，然而得不到这些，我们还是一年一回跟着往妙峰山进香的人们去凑热闹罢。

阅读思考

第一段为什么说“朝山”“是人的猴子脾气之发作”？第二段写攀登妙峰山，为何从我国西南一带的山水说起？第三段为何又转而写到体育锻炼？看似漫不经心的记叙之中，蕴涵着作者怎样的情致和思绪？体现了散文怎样的特点？

“星霜，星霜！”

在北京城里，街上常见有四担或五担笼盒，每担上有八面小旗，各系小铃，挑着“星霜星霜”地响着招摇过市。多少人不明白个中底细，每当他们是另外一个世界里的

阅读思考

“星霜”指的是什么？作者为何以“星霜”为本节的标题？“星霜”与作者所要表现的民俗文化有着什么联系？

① 尝：副词，曾经。

② 大抵：副词，大概，大都。

人物，从不去过问他们，尤其是我们江浙一带的人为然。但是到了妙峰山，我们才自惭形秽，觉悟自己是另外一个世界里的人物，那个世界却完全属于他们的。

如果你在庙里面等候着，听人说“到会了！”的时候，你要记住这是指庙外面有“会到了”。照例的，先是四担或五担乃至六担八担的笼盒，“星霜星霜”地响着过来，这做叫“钱粮把”，里面放的是敬神的香烛以及纸糊的元宝等等。“钱粮把”的前面是一个壮健的少年捧着供物，这看各种香会性质的不同，例如“献花老会”则捧鲜花，“茶会”则捧茶叶，“馒首[①]圣会”则捧馒首。后面跟着会众，数人数十人乃至数百人不等。“钱粮把”进门后就放在院子里，各人都拿出香——讲究的再加以烛——来燃着，便跪在神前磕头祈祷。少年跪捧表章，居主祭者的前列，由庙祝用火徐徐烧着。表章是刻版（现在用“板”）现买的，空格上填进供物，会众人数，及会首姓名，放在一个五尺来高的方柱形的黄纸袋中，置于适能插下方柱形的铁架子上，少年的手就捧着那铁架子。这叫做“烧表”。说到“烧表”，我们即刻会联想到光绪二十六年的某事[②]，其实往妙峰山进香的人们的种种举止都可以表示出他们与“光绪二十六年最先觉得帝国主义之压迫”的英雄们是一路的。烧表时庙祝用两枝竹箸，夹着表章，使灰烬落入空柱中，不往外倾，口中尽念“虔诚！”“虔诚！”不止。到了将要烧完的时候，“虔诚！”的声浪忽然提高，下面跪着的会众们，一听得这提高的声浪，便大家把脑袋儿齐往下磕。磕犹未了，必有年较长者，忽转身向会众起立，口中很念着几句嘹亮的言语，例如

“诸位！在这里的，除了我的老师，便是我的弟子，我特地磕一个头，替你们祈福！”说着就跪下大磕其头。这种句语大抵是各各不同的，得由德高望重而又善于辞令

阅读思考

本节描述了“会众进香”的过程和场面，事无巨细，一一写来。这样的叙述是不是像流水账一样啰嗦繁复？内容多涉及封建迷信，是不是过于庸俗无趣？请结合文章具体内容，谈谈你的理解。

① 馒首，即馒头。

② 光绪二十六年，即公元1900年，农历庚子年。这一年中国北方爆发了以“扶清灭洋”为口号的义和团运动，引起英、俄、法、德、美、日、意、奥匈等八国联军入侵。后文的“帝国主义”即指八国联军，“英雄们”指义和团。

的人自己去想，例如我另外听得一个是与上述的大同小异，末后却加上一个问题，问会众们“当此灾祸连年的时候，我们这种人不是炮火，是谁的力量?”会众们于是大嚷这是由于神的佑护。这种情境活像是在初行“启发式教育”的国民学校的教室里。答出这个问题以后，会众进香的手续算是完了。——但须看来的是什么会。倘是个少林会，那么，进香完毕正是他们工作的开始，因为还要在神前各献他们的身手哩。倘是个音乐会，要演奏音乐；大鼓会，要演唱大鼓；梨园中人的什么会，还要在神前演戏，不过角色是完全扮好了来的，演完便各自卸妆回去。“星霜星霜”的“钱粮把”也依然带着。

香　　客

除了会众以外，个人的香客的进香方法，就不是这样了。我见有一个是三步一拜，一直从山下拜到山里；又一个几乎是一步一拜，看他样子已经是非常疲乏了，但仍是前进不懈。我们猜测，这一定是自己或是父母——但决不是为了妻子罢——大病痊愈以后来还愿的。无论茶棚子里面怎样高声的喊着那——

“先参驾！——这边落坐，喝粥喝茶！”

再加以“哨!”的一下磬声，这样简单而动人的音调，他也决不反顾。可怜，满眼看过来，对于这种呼声，磬声，这种来往的香客，四周的景物，取一种鉴赏或研究的态度的，实在只有我们五个人。是颉刚兄的主意，未动身以前，先劝我去了洋服，而且沿路一概随俗：对于同时上去的香客，见有互嚷“虔诚”的，我们于是也从而“虔诚”之；对于下来的香客，虽向我们嚷“虔诚”，但见同行的人有答以“带福还家”的，我们也从而“带福还家”之。到庙门，是先买了香烛进去的；在庙中，是先燃了香烛规规矩矩的跪拜的；在庙中的客室住了两宵，是完全以香客的资格受庙祝的招待的。我们以为必如此然后可以看见一点东西，否则只落得自己被他们看去，而我们所得的知识一定有限了。

阅读思考

“但决不是为了妻子罢”是一句戏谑之辞，体现了作者的幽默风格，又非常值得玩味。前文有“泰山算得什么呢，在北方居然出了几千年的风头”，本节之中还有“我们于是也从而‘虔诚’之”、“我们也从而‘带福还家’之”、“否则只落得自己被他们看去，而我们所得的知识一定有限了”等形式各不相同的幽默语言。想一想，这些幽默的语言在作品思想内容的表达上起到了什么作用？

三步一拜，五步一拜，乃至一步一拜的香客到底是不多的，正如全身穿了黄色衣服或红色衣服的香客也是不多一样，这种都是为着重大缘故而来的。其余大多数的人，都像我们一样的走上来，一样的进庙门，一样的跪拜，一样的磕头：我们既敢自信别人一定看不出我们是为观风问俗而来，那么我们也安敢自夸我们是知道别人怀着的是什么心眼呢？我们只能说，在外表上看来，我们都是一样的香客罢了。

照例，香是应该放在香炉里的，但在香炉后五六尺远，就有一堵照墙。照墙与香炉的距离间，左右又加筑两道短墙，这样三面短墙一面香炉恰成一个正方形了，这就是我们烧香的大香炉。我们到的时候，香市渐寥落了，但这大香炉还有倾炸的危险，三面砖墙都用木柱子支撑着。香客们决不能往香炉中插香的，只用整把的线香往大香炉中一扔，这就算是烧香了。

“带 福 还 家！”

娘娘庙的门外，摆着许多卖花的摊子，花是括绒的，纸扎的，种种都有。一出庙门，我们就会听见“先生，您买福吗？”这种声音。“福”者“花”也，即使不是借用蝙蝠形的丝绒花的“蝠”字，这些地方硬要把“花”叫作“福”也是情理中可以有的。对于所谓“福”，我们在城里的时候已有了猜想，以为这一定是进香以后由庙中赠与香客的。如果真是这样，那够多么美妙呵！但是这种猜想到半路已经证实是不然了。不过我们还想，这种花一定是出在妙峰山上的，如果真是这样，即使是用钱买的，我们带回来够多么有意义啊！但后来一打听，才知道京中扎花铺的伙计们先“带福上山”然后使我们香客“带福还家”的。经过如此一场大“幻灭”之后，我们宜若可以不买花了，但我们依旧把绒花，纸花，蝙蝠形的花，老虎形的花戴了满头。胸前还挂着与其他香客一例的徽章，是一朵红花，下系一条红绶，上书“朝顶进香代福还家”八字。“代”者“带”也，北京人即使是极识字的，也每喜欢以“代”代

阅读思考

作者一行人明知“花”是山下扎花铺的产品，并无朝山进香纪念意义，为何最终还是戴着满头的花下山？

“带”，其故至今未明，但“代”字可作“带”字解，已经是根深蒂固，几乎可在字典上加注一条了。

“带福还家”也是一种口号，正如上山时互嚷“虔诚”一样，下山时同路者便互嚷“带福还家”。即使是山路上坐着的乞丐们，也知道个中分别，上山时叫你“虔诚的老爷太太”，下山来便叫你“带福还家的老爷太太”了。山路最普通者共有三条，每条都划分几段短路，每段设有茶棚，并设有山顶女神的行座，大抵原意是如有香客中途不能上山，在茶棚里进香行礼也就行了。在这种茶棚里，所用茶碗茶壶茶桌等都非常精致坚实，镌有某某茶会等字样。而且专请嗓子嘹亮的人在棚下呼喊并打磬，虽然如上面所说，语句非常简单，但他们却津津有味像唱歌般的呼喊着，上山时“先参贺！这边落坐，喝粥喝茶！”下山则也嚷“带福还家”。他们在城市中打拱作揖拘拘①得一年了，到这里藉②着神的佑护呼喊个痛快。

阅读思考

乞丐们为什么也懂得上下山的口号的区别？这是一种怎样的文化心理？“他们在城市中打拱作揖拘拘得一年了，到这里藉着神的佑护呼喊个痛快。”这两句写茶棚里的呼喊者，寄寓了作者怎样的情感？

余　论

妙峰山香市是代表北京一带的真的民众宗教。我们的目的是研究与赏鉴，民众们是真的信仰。“有求必应”通例是用匾额的，他们却写在黄纸单片上沿路贴着，这可证明香客太多，庙中已经放不下匾额了，也可证明物质生活尚够不上买一块匾额的人也执迷了神的伟大的力而不得不想出一个“有求必应”之活用的方法了。

论到物质生活，低得真是可惊。据说连馒首烧饼等至极简单之物，也得由北京运去；本地人吃窝窝头自不消说，但他们的窝窝头据说也不及北京做得好。食品以外，我再举一件三家店渡河的用具，也可藉以想见京西北一带物质生活之古朴低陋了。河并不宽，造桥是不难的，却用渡船。水上先驾一条铁索，高离水面约五尺许，两岸用木作架支之，索端则用大石块压于地上。河中是一只长

阅读思考

最后一节“余论”之中，作者用朴实温情的语言记叙了民众们物质上的匮乏和精神上的追求。想一想，“还愿毁陇”和“溪水题字”为什么让作者觉得满意和“伟大”？作者为什么“决不会迷信天仙娘娘是能降给我们祸福的了”，又希望“依旧保存妙峰山进香的风俗”？这对我们现在继承和弘扬传统文化有着怎样的启发？

---

① 拘拘：拘谨、拘束。

② 藉：同“借”，凭借。

方形的渡船，一端向下游，一端向上游。上游一端，有立柱一，与河上铁索相交，成十字形，使船被铁索扣住，不能随河水顺流而下。渡河的人们，就乘着这横走的渡船来往。这是说没有桥的地方。有桥的地方呢，先用桃木编成圆筒，当中满盛鹅卵石，将这种一筒一筒的鹅卵石放在中流，上搁跳板，便成了原始的桥了。总之，这些地方的用具几乎无一不是原始的，我所以说这种旅行最容易令人想起祖宗们的艰难困苦了。

但是靠了神的名义，他们也做了许多满我们之意的事。山上修路，点灯，设茶棚等等不说了；就在山下，我们也遇见一件“还愿毁陇”的新闻。将到山脚的地方，车夫不走原有的小路了，却窜入人家的田陇，陇上的麦已经被人蹈到半死的。我问为什么，车夫说这是田主许愿，将路旁麦田毁去几陇，任香客们践蹈，所以叫做“还愿毁陇”。这是伟大的。此外如山中溪水旁竟写有“此水烧茶，不准洗手脸”字样，简直连都市中的文明社会见之也有愧色了。

我对于香客的缺少知识觉得不满意，对于乡间物质生活的低陋也觉得不满意，但我对于许多人主张的将旧风俗一扫而空的办法也觉得不满意。如果妙峰山的天仙娘娘真有灵，我所求于她的只有一事，就是要人人都有丰富的物质生活，也都有丰富的知识生活与道德生活，——换句话说就是决不会迷信天仙娘娘是能降给我们祸福的了，——但我们依旧保存妙峰山进香的风俗。

一九二五年五月

选自《伏园游记》

孙伏园（1894—1966），原名福源，字养泉，笔名伏庐、柏生、桐柏、松年等。现代散文作家、著名副刊编辑，时人称之为“副刊大王”。4 岁丧父，家贫。1911 年进入鲁迅任校长的山会初级师范学堂读书，因成绩优异深得鲁迅先生赏识。1913 年，

孙伏园(1894—1966)

转入浙江省立第五中学(即我校前身)学习。1919年接受新思潮影响,与其弟孙福熙一起到北京,经鲁迅介绍入北京大学读书,并担任北大图书馆馆员和李大钊的秘书。积极参加五四运动,为北大文学团体新潮社成员。还参加过《国民公报》和《晨报》的工作。1920年底,与茅盾、郑振铎等人共同组织文学研究会。

1921年大学毕业,同年10月《晨报副刊》创刊,任主编。他开辟了一个"开心话"栏目,每周一期,向鲁迅约稿,鲁迅于是就写了誉满中外的《阿Q正传》。这年底,孙伏园冒着政治风险在《晨报副刊》上连续发表《阿Q正传》。孙伏园约稿很勤,而鲁迅先生几乎有求必应,对此孙伏园非常感激。1924年参与组织文学团体语丝社,创办《语丝》周刊,同时任《京报》副刊编辑。1925年为军阀所迫南下,先后任教于中山大学,厦门大学。1927年到武汉主编《中央日报》副刊,同年冬到上海创办嘤嘤书屋,主编《贡献》旬刊。1928年初创办《当代》杂志并任主编。同年与孙福熙去法国留学。1931年回国,担任河北定县中华平民教育促进会文学部主任,与瞿菊农联合主编《民间》杂志。1937年担任湖南衡山实验县县长。七七事变后去大后方,1939年3月当选为中华全国文艺界抗敌协会理事。抗日战争期间曾担任军事委员会设计委员,兼任《士兵月刊》社社长、任教于齐鲁大学中文系,并创办中外出版社。抗日战争胜利后先后在华西大学和四川大学任教,曾主编《新民报》副刊。建国后,孙伏园被任命为政务院出版总署版本图书馆馆长,1966年逝世。

孙伏园两袖清风,富有正义感和同情心,是一个正直的知识分子,为新中国的建立做了不少工作。1928年,他在武汉政府的《中央日报》主编副刊时,便登载了毛泽东的《湖南农民运动考察报告》。1938年,孙伏园把他正在读高中的两个儿子托人带到延安参加革命。1941年至1945年他主编国民党军委会政治部的《士兵月刊》,顶住了巨大压力,坚持只宣传抗战,不宣传反共。1943年,在他主编的重庆《中央日报》副刊上发表了郭沫若的历史剧《屈原》。当时就有人怀疑他是地下共产党员,而实际上他只是中国民主同盟的成员。

他一生主要从事文学编辑工作,为中国新文学的发展做出了贡献。他创作主要以散文、游记为主,代表作品有《伏园游记》与《鲁迅先生二三事》等。其余作品散见于《新青年》、《新潮》、《晨报副镌》、《京剧报刊》、《语丝》等刊,很少结集。

郦道元撰写《水经注》的动机和抱负

陈桥驿

内容导读

◆ 郦道元对祖国统一的渴望而非补充旧作才是他创作《水经注》的动机。
◆ 北魏国运的衰微打击了郦道元的满腔壮志，但他刚毅严正的行事作风却表明他不是个会轻易被命运压弯脊梁的人。
◆ 郦道元因其严正被史官称作“酷吏”，但这未必是历史的本来面目。

现在且说郦道元撰写《水经注》的事。对于这件事，《魏书》和《北史》的记载不仅内容相同，而且文字也完全一致。说明后者是根据前者抄录的。二书说：“道元好学，历览奇书，撰注《水经》四十卷，《本志》十三篇，又为《七聘》及诸文，皆行于世。”郦道元所撰写的其他著作都早已亡佚，只有《水经注》获得流传，成为我国的重要历史文化遗产。《水经注》不仅为我们提供了地理、历史、文学和其他许多方面的大量资料，对于郦道元本身的生平履历和思想抱负等等方面，由于《魏书》和《北史》的记载疏略，我们也要通过《水经注》来加以研究。

> **阅读思考**
> 为什么根据“《魏书》和《北史》的记载不仅内容相同，而且文字也完全一致”就可以得出“说明后者是根据前者抄录的”？

郦道元为什么要撰写《水经注》，他在为此书所写的原序中，稍稍有所涉及：“昔《大禹记》著山海，周而不备；《地理志》其所录，简而不周；《尚书》《本纪》与《职方》俱略；《都赋》所述，裁不宣意；《水经》虽粗缀津绪，又阙旁通。所谓各言其志，而罕能备其宣导者矣。”这一段话，其实只是对过去的一些地理书的评价。总的意思是这些地理书的内容都失之简略。《水经》虽然“粗缀津绪”，但是“又阙旁通”。为此，他要以这种“粗缀津绪”的《水经》为底本，广加注疏，使之“旁通”。以上面这一段话说明他撰写《水经注》的动机，虽然并非牵强，但毕竟还嫌就事论事。

郦道元是个北方人，他一生足迹未涉南部。当他出生之日，南北分裂，已经超过一个半世纪。但他却要撰写这样一部地理书，基本上以西汉王朝的疆域作为他的叙述范围，局部甚至涉及域外。另外，他撰写此书，从其内容看，显然并不完全如他在原序中所说是为了古代的地理书过于简略，缺乏旁通。因为他除了补充古代地理书特别是《水经》在自然地理上和人文地理上的不足以外，他还花了很大的篇幅描写各地的自然风景。这也就是清刘继庄所说的：“更有余力铺写景物，片言只字，妙绝古今。”他所描写的祖国各地的自然风景，有的是他童年时代居住过的地方，如上面已经述及的《巨马水注》和《巨洋水注》中的例子，这当然是他十分熟悉的。有的则是他毕生足迹所未到之地，如《江水注》中的三峡，《渐江水注》中的灵隐山等地。但在他的笔下，这些地方的自然风景，都能表现得如此生动细致，栩栩如生。在《水经注》以前的一切地理著作中，描写祖国各地自然风景的，实在凤毛麟角，而郦道元却在这方面殚精竭虑，予以如此的重视。这说明了他是何等热爱祖国的大好河山。一个出生以来从未见到过统一的中国的人，而却要以历史上一个伟大王朝的疆域作为他的写作范围。这也说明他是如何地向往着能够看到一个统一的祖国。在南北朝这样一个时代里，国家分裂，山河破碎，战争频仍，人民流离，但郦道元却能写出这样一部把当时支离破碎的祖国融合成为一体的巨著，而又以如此美好的描述，歌颂祖国各地的自然环境。如此可以说明，《水经注》是一部伟大的爱国主义著作，而郦道元则是一位值得崇敬的爱国主义者。

阅读思考

联系有关史实，思考一下：为什么郦道元没去过这些地方？

当然，郦道元之能够成为一个向往祖国统一的爱国主义者，并不是偶然的。他对于历史上曾经出现过的版图广大的王朝的概念，当然是从他的广泛阅读和父辈的教育中得到的。但他之所以向往这样一个广大而统一的祖国的再次出现，却很可能是受了那位具有雄才大略的君主拓跋宏①的影响。如前所述，拓跋宏是有决心要统一中国的，郦氏一门是他所器重的家族，因此，他的这种抱负必然会为郦氏所知。前面也已经提到，当太和年代，拓跋宏从各方面进行准备，决心要实现他统一全国的计划之时。他一方面着手建立经略南朝的后方基地，派郦范在此出任青州刺史。另一方面当他在决心南进以前，当然要力求巩固他的北疆防务，因此于太和十八年亲自出巡六镇，直到阴山一带。而这一次北疆巡行，郦道元就是随行人员之一。郦道元年齿甚幼，官秩很低，但却能入选为他的随行人员，这一方面固然说明了他对郦氏家族的信任，另一方面也正是说明了郦道元的青年英俊和才华意气，因而得到了拓跋宏的赏识。

可惜拓跋宏在太和二十三年的大举南征之中病死谷塘源，北魏丧失了这样一位有抱负的明君，自然是一个莫大的打击。从此，朝廷内部变故迭起，国力渐趋衰落。而宣武帝(元恪)正始四年(公元五〇七年)与南朝梁的淮水之战，适逢淮水暴涨，梁用小船火攻，魏兵溺毙，淮水为之不流，梁军尾追痛歼，使魏军蒙受伏尸四十里、被擒五万人的惨败。到了孝明帝(元诩)熙平元年(公元五一六年)，胡太后临朝，奢靡浪费，朝政腐败至于不可收拾，而北疆六镇又频频告急。在这样的情况之下，南征统一，已经断乎不再可能，这对郦道元当然是一种痛心疾首的打击，他眼看祖国统一无日，而锦绣河山支离破碎。就是从这段时期开始，他潜心于《水经注》的撰写，通过著述以表达他热爱祖国河山和渴望祖国统一的胸怀。

《水经注》一书成于何时？历来说法不一。但它是郦道元后期的作品，却是没有疑问的。贺昌群在北京科学

① 拓跋宏(公元467—公元499)又名元宏，即北魏孝文帝，中国历史上杰出的少数民族政治家、改革家。主要成就有：推行汉化改革，迁都洛阳，实行三长制和均田制，改革吏治。

出版社《影印水经注疏》序言中认为此成于延昌、正光之间，岑仲勉在《水经注卷一笺校》中认为此书成于延昌、孝昌之间，日人森鹿三认为此书成于延昌、神龟到正光五年（公元五二四年）的十年之中。按《水经注》记载中出现的最后一个年代是延昌四年（公元五一五年），而郦道元被害于孝昌三年（公元五二七年），说明他潜心撰写此书，正是胡太后临朝，朝政腐败至于不可挽回之时。郦道元运用它长期以来行万里路，读万卷书所积累的丰富知识，著述这样一部巨著，将他的全部爱国主义感情倾注在这样一部著作之中，为后世留下了不朽的文化遗产。

当然，由于拓跋宏的早逝和北魏在内外两方面所受的挫折，这对郦道元的满腔壮志无疑是一个沉重的打击。但是郦道元决不是一个失败主义者，他在这样的处境中写作《水经注》并不是消极地借写作派遣他的愁怀，而是通过对祖国各地自然和人文的细致而生动的描述，以表达他对祖国的满腔希望。这可以从他为官严格、公正、一丝不苟的性格得到证明。他在永平年间（公元五〇八一五一一年）任鲁阳太守之时，正是北魏淮水之战惨败以后；而他在延昌四年任东荆州刺史之时，随即就遇到孝明帝去世而胡太后临朝的变故，国势每况愈下。但他却不顾时势艰危和个人得失，采用“威猛为治”的方法，使“蛮服其威名，不敢为寇。”他同时也重视从文化上改变鲁阳这个落后地区的面貌，“表立黉序[①]，崇劝学校”到了孝昌年间，由于南朝梁遣将北侵，而北魏徐州刺史元法僧又在彭城反叛。郦道元受朝廷的派遣，指挥了这次平叛的军事行动。他不畏权豪，为政清正，所以《北史》称他“道元素有严猛之称，权豪始颇惮之。”《魏书》和《北史》都记载了这方面的例子，就是郦道元弹劾皇叔汝南王悦的事。司州牧汝南王悦，是孝文帝拓跋宏的儿子，他嬖幸小人邱念台，作恶多端。郦道元不惮皇叔权威，把邱念台逮捕入狱。汝南王悦请他的母亲胡太后下敕赦免，于是郦道元

阅读思考

由郦道元“为官严格、公正、一丝不苟”的性格，推断出其人绝非“失败主义者”，这样的推断是否成立？说说你的看法。

阅读思考

“蛮”在此指南朝。南朝是中原王朝晋朝的继承者，北魏是五胡乱华之一的鲜卑族人所建。但在南北朝之际，南朝人称北朝人为索虏，北朝人称南朝人为岛夷。双方都在争夺文明的正统。对这个问题你是怎么看的？你觉得谁才是正统？你又是如何认识北朝与南朝之间的战争的？

---

① 黉学：古代的乡学。

就揭发了汝南王的奸恶而加以弹劾。其不避艰危，于此可见。而最后也因此受到汝南王悦和城阳王徽等一批王亲国戚的忌害，派他为关右大使，让他到已露反状的雍州刺史萧宝夤处，借叛臣萧宝夤以加害于他。而置个人利害于度外的郦道元，终于在阴盘驿亭（今陕西临潼县附近）为萧的叛军所包围。郦道元和他的弟弟道峻及其二子均遭杀害。按照前面他出生于延兴二年的假设，则他被害时年仅五十五岁。

像郦道元这样一个耿介正直、为政严明的爱国主义者，在魏收所撰的《魏书》中，竟受到了无端的诽谤，《魏书》把郦道元收入《酷吏传》。关于这方面，清赵一清在《水经注释》中按云："道元正身行己自有本末，不幸生于乱世，而大节无亏，即其持法严峻，亦由拓跋朝淫污阘冗，救敝扶衰使然，何至列之《酷吏传》耶？恐素与魏收嫌怨，才名相倾轧故耶。知人论世，必有取于余言也。"赵一清的评论无疑是公正的。《魏书》在最后又说："然兄弟不能笃和睦，时论薄之。"赵一清在《北史》抄录《魏书》此语下加按云："此亦仍《魏书》之旧而未经裁削者，观其有从死之弟，则非不能笃睦可知。"既然有弟愿意跟随他作这次冒险的西行而终至同死，则"兄弟不能笃睦"的话，显然是有目的的诽谤。

阅读思考

根据你的理解，酷吏与严峻的执法者有什么区别？

本文原为《水经注研究二集·爱国主义者郦道元与爱国主义著作〈水经注〉》的一章

人物链接

陈桥驿，原名陈庆均，桥驿是他后来的笔名，著名历史地理学家。祖父是清末举人，孙伏园、陈建功都是他的学生。

5 岁由祖父发蒙，7 岁上私塾。

小学毕业后进当地一所教会学校，初二插班进入省立绍兴中学（绍兴一中前身）后，把大量时间花在阅读外国名著上，从初三开始读中华版《辞海》和商务版《标准英汉辞典》，还翻译了当时颇为流行的一本《纳氏文法》第四册。

1942年，读高二时，因日军大举进攻辍学，旋被聘为小学校长。

一番波折后开始了他的教学生涯。

陈桥驿（1923—2015）

24岁时陈桥驿被任命为新昌中学教务主任。其间研究《水经注》，成果斐然：《淮河流域》、《黄河》、《祖国的河流》3部专著相继出版。《祖国的河流》成为新中国成立后最畅销的地理书，陈桥驿因此出名。上海地图出版社发函调他，浙江省教育厅则将调函扣住，最终他被调到浙江师范学院（后改为杭州大学）地理系。

1964年，因所发表的文章引用了学者丁谦对《水经注》的评价“宇宙未有之奇书”一语，触犯了伟大领袖的红宝书的权威，便被作为反动学术权威揪出，关入“牛棚”，罪名是反对毛主席著作。身在“牛棚”，他用红宝书的封皮包着《水经注》偷偷地读。白天作“活人展览”，晚上则利用写“牛鬼蛇神日记”的机会写郦学心得。为保护几十年研究笔记便发动妻儿分头抄录，10多万字的笔记终于留下了文稿。

20世纪70年代初，因有外语教学经验，担负起给外国人介绍情况的任务，并翻译了《尼泊尔地理》和《马尔代夫王国》。

“文革”结束后，陈桥驿终于迎来了可以安心做学问的自由。1985年，陈桥驿首部郦学专著《水经注研究》出版后马上引起轰动，终成中国当今的郦学泰斗。

第四单元

令公桃李满天下

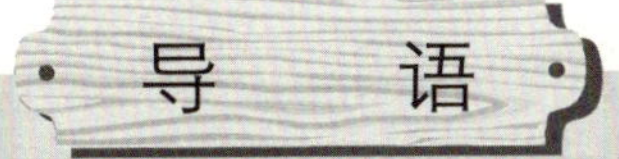

和谐的人格既要有人文情怀，也要有求真精神，既要担荷使命，也要澡雪性灵，如此才是求真，如此才得博雅。

医者仁心，理固宜然，但在大历史之中，一切事业都难免被国家利益裹挟，金宝善眼中各派西医在中国环境中势力的消长，其实也是外国势力在中国实力之涨落；古人重农，但真正能躬耕力田的知识分子不多，吴耕民花大力气探索“园艺”的语源其实也能见出他将园艺作为自己安身立命事业的追求；数学是上帝用来书写宇宙的文字，因为它精确简洁，在芥子之中包孕着天地无尽奥秘，但陈建功告诉我们要击打出芥子中的无限生命力，还需要引入跨学科的思维方式并将数学与科学技术和社会生活结合起来才行；善歌者使人继其声，陈建功春风化雨般的言传身教影响了儿子的学术道路，其子陈翰馥继承父业走上数学之路，为振兴中华多做贡献，这可以说是善教者使人继其志吧；文化因包容而丰富，社会经济也因多元而更具活力，徐扬生从莫高窟的多元文化和盛唐气象中看到包容，我们也能从他的行万里路、具世界眼、做跨界学术的学问生涯中看出他的包容；“求索真理要下笨功夫”，叶军如是说，笨功夫就体现在实践精神和探索精神上，在探索实践中发现惊喜、得到乐趣，成功也随之而来。

本单元选文作者都是学界翘楚，学科领域涉及理、工、农、医各方面。阅读本单元文章需要读文章背后的人：也许读者会对文章中涉及的学科领域感到陌生，但是文本体现出的人的探索精神、求知欲望以及学科和事业对人个性气质的陶冶，是每个奋斗者都可吸收的可贵之处。从文到人，是阅读之道，也是思考之路。

各派西医在旧中国医学卫生事业中的消长①

金宝善

内容导读

1. 新中国成立以前的半殖民地半封建的旧中国，在形式上有着自己独立的政府，但实际上政治、经济等社会各方面都受到帝国主义的控制和奴役。阅读此文，可以看到帝国主义是如何通过他们的代言人来影响旧中国的医学卫生事业的。当然，这种影响并非全为负面，需要读者加以思考和辨别。
2. 金宝善曾长期在国民政府担任要职，对旧中国医学卫生事业的各个方面情况都非常熟悉。他是中国卫生防疫事业的开创者，贡献颇巨。阅读此文，可以从侧面看出，在“一穷二白”的中国，先贤们如何筚路蓝缕，开拓进取，为国民的健康奉献了医者仁心，为中国的医学卫生事业发展奉献了毕生热忱。

再说各派西医在旧中国医学卫生事业几十年间的消长情况。为了便于说明，拟将本世纪开始到解放为止的旧中国西医发展，分为两个时期，从卫生行政组织、医疗防疫业务、医学教育和学术活动等各方面加以叙述。

从本世纪开始到蒋介石建立政权为止为第一个时期。这一时期里，在中央卫生行政组织方面：于本世纪初，中央巡警部设卫生司，一年之后卫生司移隶②民政部，最后归入内务部，时设时撤。司长多由候补道③一类官僚

阅读思考

为什么二十世纪初的卫生机构“时设时撤”？为什么各种条例规章只“停留在纸面上”？为什么“所办的疯人院像旧监狱一样，育婴堂养不活一个婴儿”？这刻画出了当时的中国医学卫生事业处于怎样的状况？

---

① 节选自《金宝善文集·旧中国的西医派别与卫生事业的演变》，标题为编者所加。

② 隶：附属，属于。

③ 中国历史上行政区域的名称。唐代相当于现在的省，清代和民国初年在省以下设“道”。再加上对道员、候补道的解释。

充任,司内的卫生技术职员多由日派西医担任,陆续拟颁了一些关于管理医药业务、防治传染病、取缔不洁食物、清扫除污等各种条例规章,几乎都是日本法规的译本,而且大多数停留在纸面上,不过是几种官样文章而已。在地方政府,如京师巡警厅内设卫生处;外省巡警机关中也有设卫生科的。这些卫生部门所办卫生事业,仅仅限于清扫街道、施舍简单医药,所办疯人院像旧监狱一样,育婴堂养不活一个婴儿。

这一时期里所创办的比较现代化的卫生业务机构有:1917 年晋绥①一带鼠疫流行后在北京筹建的中央防疫处及中央卫生试验所;1940 年东三省鼠疫流行后在哈尔滨成立东三省防疫处及防疫医院。东三省防疫处为留英西医伍连德所主办,其他那些卫生防疫机构是由日派西医所创设的。

如上所述,日派西医这个时期在各地方创办了若干中国自办的医学校和公私医院、诊所。但在本世纪初,留日学医的人们,多数在毕业后即回国负起重要责任,其中除少数人于毕业后有机会继续深造,而且具有相当的医学科学的学术水平外,多数只有一般的医学科学训练,并且缺乏建立医疗卫生业务机构的实际经验,又没有政府和其他方面的有力支持,因而所办的医学校和医院、诊所一般是较差的。

阅读思考

日派西医和英美派西医有何不同?他们为什么支持中国医学卫生事业的发展?又对中国的医学卫生事业的发展起到了什么作用?

英美派西医则有教会医学校和教会医疗团体,特别是上述私立北京协和医学校及洛氏基金社驻华代表等的扶植②,进修学习的机会比较多,一般的讲,他们的学术水平比较高,因而在旧中国西医界里的潜力比较大。

1915 年英美派西医在上海创立中华医学会,年有发展,按期举行全国性的学术年会,并编发中华医学杂志,成为全国西医的活动中心。由日派西医所组织的中华民

① 晋:山西的别称。绥:绥远省的简称,1928 年设省,1954 年撤销,并入内蒙古自治区。

② 1906 年,英国伦敦会与英美其他五个教会合作开办了协和医学堂,为协和医学院的前身。名为 Union,即联合之意,被雅致地译成中文,称作协和。1915 年,洛克菲勒基金会收购协和医学堂。随后投入资金进行新校建设。1917 年 9 月开办医预科,附属医院为北京协和医院。

国医药学会成立不久，就无形中并入中华医学会。外籍教会医生所创办的博医会也于 1932 年合并于中华医学会，并吸收博医会所办的英文中华医学期刊（China Medical Journal），编发中华医学杂志英文刊（Chinese Medical Journal）。

中华医学会的英美色彩很浓，博医会并入之后，每届会长都推选英美派西医充任。我原系留日西医，在赴美进修、投入英美派之后，曾被选任会长。一直到抗战开始之前，每届年会都推选英美籍教会医生一人为副会长，会下并设有教会医事委员会，负责处理教会医事。一个国家的全国性学会推选外籍医生为副会长，这种情况恐怕在世界上是少有的。学会的执行委员和理事也曾选举德、日、法各派西医参加，但从来没有被选任为会长的。

阅读思考

“一个国家的全国性学会推选外籍医生为副会长，这种情况恐怕在世界上是少有的。”这句话揭示了怎样的现实？

总的来说，这一时期初，日派西医在政府机关和公私立医院、诊所等各方面的活动较多，有与英美派西医和外人在华所办的医疗机构相对杭的形势。到了这一时期末，英美派西医在英美外力的扶植下，实力增长，几乎形成了全国西医当中最有组织的势力。

这样，进入了第二个时期。在蒋介石政权建立之后，英美派西医特别是亲美派西医独揽了中央和地方的卫生大权，但在 20 多年间的卫生事业里，英美、德日两派西医之间的对立，随着蒋介石政权里亲美派和 CC 私党①的对立而趋于尖锐了。

阅读思考

各派西医在中国展开权力斗争，乱纷纷你方唱罢我登场，但是，作者对陈方之、刘瑞恒这两位重要人物却各有褒贬，请你概括其观点，并想一想，这体现了作者怎样的立场态度。

1927 年蒋介石政权建立之初，仍沿中华民国初年以来的旧制，在内政部里设卫生司。薛笃弼任部长，日派西医陈方之任司长。陈方之在日本帝国大学医学部毕业，获有医学博士学位，系蒋介石的宁波同乡，曾在蒋介石的大本营卫生处任职，通过蒋的关系，取得中央卫生行政领导权，那是很自然的。1928 年卫生部成立时，薛笃弼调任卫生部长，英、美、德、日、法各派西医分头进攻中央卫生

① CC 党：也叫 CC 派（或 CC 系），简称“CC”，是国民党内的一个重要派系，以“四大家族”中的陈果夫和陈立夫兄弟为首。

政权，经过一番争夺的结果，成立了一个亲美派西医占上风的混合政权。当时卫生部内几个领导位置的分配充分说明了这一事实。除部长薛笃弼、政务次长胡毓威两个政务官系出于当时全国性的政权分配外，其他人员是：常务次长刘瑞恒（美国留学、协和医院院长）、政务司长严智钟（日本留学）、保健司长金宝善[①]（日本留学，以后往美国研究公共卫生）、统计司长金诵盘（同济大学医学院出身、曾任蒋介石的大本营卫生处职务）、陈方之则屈就了中央卫生试验所所长。

1929 年刘瑞恒在代理卫生部长时期，与当时教育部长蒋梦麟联合设置医学教育委员会、助产教育委员会（后改隶医学教育委员会，下设助产教育专门委员会、护士教育专门委员会等），由亲美派西医任委员及主任秘书，获得洛氏基金社的补助费，充作“改进”全国医学教育的活动费。到了抗战开始，陈立夫任教育部长以后，这个委员会的主任秘书改由德日派的西医充任，洛氏基金社的补助费也就中断了。

刘瑞恒曾一度兼管军医，并兼任军医学校校长，撤换了很多原有的日派系统的军医而代之以英美派西医，因而与原军医团体结下仇恨。一小部分原军医人员曾经组织起来倒刘，包围刘的住宅，并以刘的一些私人问题为借口，向法庭控告。这也是刘在抗战初起，决定辞职去香港作寓公的原因之一。

等到 1930 年卫生部取消，改设卫生署，隶属于内政部。卫生署编制缩小，只设技正及三个科长而没有司一级的职位了。因此日、德、法各派西医的高级职员都自动去职。刘瑞恒继任卫生署长。此后中央卫生政权一直到解放为止都掌握在亲美派西医的手里。英美、德日两派西医由明争而转入暗斗，一直到蒋王朝没落，逃窜台湾为止，从来没有停止过。

---

① 即本文作者。

人物链接

金宝善(1893—1984),我国公共卫生学家,近代卫生防疫事业的奠基者之一。1893年4月23日生于浙江绍兴,自幼家贫,在村中私塾读书。后考入绍兴府中学堂(绍兴一中前身),因学习勤奋、刻苦,学习成绩突出,受到当时正担任我校学监的鲁迅先生的关注,由先生亲授德语。在先生的影响下,参加了辛亥革命活动。鲁迅先生的小说《风波》中提及的剪辫子的学生中,就有金宝善。1912年,金宝善中学毕业,考入南京水师学堂,后转入杭州医科专门学校,随即官费留学,毕业后,进入东京帝国大学传染病研究所研究传染病与生物制品,后赴美国约翰斯·霍普金斯大学公共卫生学院进修,并获硕士学位。

金宝善(1893—1984)

1919年,金宝善从日本学成回国后,在北京中央防疫处担任技师,开始在国内制造各类疫苗、血清、毒素等生物制品。1920年东北地区鼠疫流行,受北京政府派遣,他与伍连德等人赴东北开展防疫工作,经过半年多时间的努力,终将鼠疫平息。1921年他一度兼任北京医学专门学校传染病学教师,并在军医学校担任防疫学教学工作。1927年夏,金宝善应邀组建杭州市卫生局并任局长。作为一位专家型的行政领导,他技术精湛,管理有方。他曾参与制定了我国医疗卫生方面的一系列方针政策,筹建卫生防疫与科研机构。1930年,南京国民政府成立中央卫生实验处,他任副处长,实际负责该处的工作。该处的建立奠定了我国现代医疗卫生科学研究事业的基础,培养出了一批专门人才。他还主持筹建西部卫生医疗组织与机构,经常亲自到现场布置工作。

作为公共卫生专家,金宝善最为人们称道的经历要数他为扩大中国在世界的影响所做的努力。他曾多次代表中国出席世界卫生会议。1947年他赴欧美访问,考察战后各国的卫生事业。当时在日内瓦正酝酿成立世界卫生组织,他代表中国成为世界卫生组织的发起人之一。1934年—1941年,他连任两届中华医学会会长。1934年,他被派往西北地区工作,在兰州设立了西北防疫处及中央直属西北医院,在陕西、甘肃、青海、新疆等省建立了医院、产院及助产学校。这些卫生行政机构与医院、学校的建立,极大地促进了西部等落后地区卫生事业的发展。从

1940年4月起,他主政国民政府卫生署,为支持抗战做了大量的工作。

作为中国预防医学的奠基人之一,金宝善在防疫上的成就同样令人瞩目。1929年,国际联盟派人调查中国各海港疫情,他随同调查并做了大量的工作。在他的努力下,次年卫生署设置了全国海港总管理局,颁布了全国检疫条例,接收了全国各海港港埠检疫处,将海港检疫权从外国人手中收回。1931年,长江、淮河发生特大水灾,在这非常时期,时任中央防疫处长的金宝善率领医疗队奔赴灾情最严重的汉口主持医疗救护工作。自1931年9月至次年9月,灾区共有200多万人次接受了霍乱、伤寒、天花、脑膜炎的预防注射,有超过34万的病人接受了医院或医疗队的治疗。从1940年到1941年间,日本对中国进行了5次细菌武器攻击。1942年3月31日,时任卫生署署长的金宝善将日军在中国撒播细菌的情况整理成报告,向世界公布。

1948年,金宝善赴美国任联合国善后救济总署儿童急救基金会医药总顾问,1951年回国,先后任卫生部技术室主任、参事室主任,北京医学院卫生系主任兼教授,中国红十字会常务理事,中华医学会常务理事,第二届全国政协委员等职。1962年,应中国医学科学院情报所要求,从事世界各国卫生情报和资料的编写工作。著有《预防医学词汇》、《查阅医学外文期刊经验简介》、《中华民国医药卫生史料》等专著。

1984年11月11日,金宝善在北京逝世,享年92岁。

我国园艺列入于近代科学的过程和“园艺”名词的起源①

吴耕民

内容导读

1. 中国的科学技术曾经领先世界，四大发明至今造福人类。但我们也曾妄自尊大，闭关锁国，以致落后于西方，遂有了那一段令国人铭记的屈辱历史。此后仁人志士，救亡图存，发展科学，兴建学校，此文较为详尽地叙说了我国设立农业专业和园艺课程的始末，借此可观察中国近代科学之兴起的历史背景和艰难历程。
2. 我国自主解决了13亿人的吃饭问题，摆脱了对外依赖，保证了粮食安全，为经济腾飞奠定了基础，农业科学家们功不可没。吴耕民是我国近代园艺事业的奠基人之一，读了此文，既可以了解老一辈学人的渊博学识，又可以了解他们心系天下的情怀。

我国自古以农立国，土地广大，跨寒、温、热三带，园艺上珍果佳蔬、奇花异卉、种类品种之多冠于世界。但因过去闭关自守，固步自封，缺乏科学的系统研究，听任其自然发展，致进步迟迟。直至鸦片战争（1840—1842）失败后，门户开放，五口通商，帝国主义国家借其交通利器长驱直入，弱肉强食，大事侵略剥削，遂至民生凋敝②，国

> **阅读思考**
> 我国园艺列入近代科学是在怎样的历史背景下发生的？其过程如何？联系你所了解的中国近现代史，说说“民生凋敝”是否全由帝国主义的侵略导致，作者又为何这么说？

① 节选自《解放前我国园艺教育、科技事业概略》，《浙江农业科学》1982年第5期。节选的为文章第二部分，标题为文章原来所有。

② 民生：人民的生计。凋敝：困苦。

势日弱，瓜分之声，不绝于耳，大有岌岌可危[①]、国亡无日之感。于是当时一些知识界人士以为非发展科学，不足以救亡图强，迫使反动封建统治集团于前清光绪末年（大约 1904 年左右），废科举，立学校，农业也成立了学校。我国最早开办的农业高等院校当为京师大学堂农科，创立于前清光绪末年（1908 或 1909 年），校址设在北京阜成门外罗道庄（俗称骆驼庄），与现在的钓鱼台一带邻接。农科课程中设有“果树园艺”一门，这是在我国“园艺”纳入科学范围作为课程学习的开端。在这以前我国不但无这门课程，甚至也无农艺、园艺等学术名称，仅在古书《论语》中把农业分为“稼”与“圃”，其原文说：“樊迟请学稼，子曰：我不如老农。请学为圃，曰：我不如老圃。”这里所谓稼与圃，即指今日的农艺与园艺，所谓老农与老圃，即今日经验丰富的农民与园丁。是以我国实际上农、园之分已有 2500 年以上的历史，但迄无“园艺”二字的术语，这术语究从何时何处而来，也是记述近代园艺发展历史上应探讨的。

阅读思考

稼、园、圃三字各有含义，请查找工具书，说说其区别，并思考，在古代中国，这是否属于农业科学的分类。

“园艺”的术语最初见于我国出版的第一本英汉字典，称《英华字典》，即在该字典“Horticulture”一字下，译成“园艺”，或“种园之艺”，这完全是从 Horticulture 意译而来，因为英文起源于拉丁文，英文 Horticulture 一字是由拉丁文 Hortus 和 Culture 二字合并而来，Hortus 意为有篱垣[②]围绕的土地，Culture 是栽培之意，亦即我国古文“树艺”（例如“树艺五谷”的“树艺”，即栽培五谷之意）的意思，所以自两个拉丁字构成的英文 Horticulture 一字，是在有篱垣围绕的土地栽培作物的意思。至于我国园艺的“園”（繁体字）字，外边为囗，这是表示篱垣，右下侧的一钩即为出入之门，其内土、口、仁是指土地、一口井或池、二位劳动的人，艺是耕作之意，所以园艺二字合起来，是在篱垣围绕的所谓园地，有井水可以灌溉，并有劳动人

① 岌岌（jí jí）：形容十分危险，快要倾覆或灭亡。
② 垣（yuán）：墙，如“断壁残垣”。

民在其内耕作的意思，正和英文 Horticulture 的意义完全相符合，而在中文上这名称也通俗易懂，故直至今日，各方一致赞同，毫无异议。至于同文的邻国日本，也自该国明治初年翻译了我国出版的《英华字典》开始，在农业科学上都通用“园艺”的术语。由此可知，“园艺”术语开始见于《英华字典》，该字典出版时期当在 19 世纪末 20 世纪初，即前清光绪后期。

对“园艺”二字的翻译当亦有来源，决不是杜撰的。按我国的字汇，以前清康熙时代所编的《佩文韵府》[①]、《渊鉴类函》[②]及《康熙字典》[③]三书搜罗最为广博，对前人所作的字或词组，几乎应有尽有，但查遍以上三书，仅在《佩文韵府》卷九十三，载有“种艺”、“耕艺”、“垦艺”、“牧艺”等，独不见有“园艺”的词组，是则“园艺”二字古书中既无现成直接的词组，当必另有间接的来源。查王象晋氏所编《群芳谱》[④]（其出版为天启辛酉岁，即明熹宗帝元年，相当于公元 1621 年），卷首“往哲芳踪之部”记载王敬美氏对一位老叟的谈话，最后一段“一叟对曰：竣池养鱼，灌园艺蔬，教子读书，不识催租吏，不见县大夫，予乃作谢曰：真太古之民哉。”在这段谈话中“灌园艺蔬”一句中间的两个字连起来，当为“园艺”术语的起源了。其后陈扶摇氏所著《秘传花镜》[⑤]（此书编写在《英华字典》之前，较《佩文韵府》早四年出版）。序言中有下列记载：“世多笑余为花癖，兼号书痴，噫噫！读书乃儒家正务，何得云癖，至锄园

阅读思考

为什么“园艺”这一术语，“直至今日，各方一致赞同，毫无异议”？段末写到邻国日本，又说明了什么问题？

阅读思考

借助工具书，翻译文中两段古文，并思考：“园艺”在我国古人的生活中扮演着什么角色，在文化人的精神生活中处于什么地位，与我国传统的“园艺”不能发展为科学是否有着什么联系。

---

① 《佩文韵府》：清代官修的大型类书，清张玉书、陈廷敬、李光地等七十六人奉敕编撰。“佩文”是康熙的书斋名。其正集四百四十四卷，引录诗文词藻典故约一百四十万条。

② 《渊鉴类函》：清代官修的大型类书，清张英、王士祯、王惔等撰。共计四百五十卷，四十五个部类，以《唐类函》为底本广采诸多类书集成此书。

③ 《康熙字典》：该书的编撰工作始于康熙四十九年（1710），成书于康熙五十五年（1716），历时六年，因此叫《康熙字典》。由总纂官张玉书、陈廷敬主持，修纂官凌绍雯、史夔、周起渭、陈世儒等合力完成。字典采用部首分类法，按笔画排列单字，全书分为十二集，以十二地支标识，每集又分为上、中、下三卷，并按韵母、声调以及音节分类排列韵母表及其对应汉字。共收录汉字四万七千零三十五个，为汉字研究的主要参考文献之一。

④ 《群芳谱》：全称《二如亭群芳谱》，是一本介绍栽培植物的著作，编撰者是明代王象晋。

⑤ 《秘传花镜》：著者陈子，又名扶摇。该书内容以观赏植物为主，但最后一章专述禽鸟、兽类、鱼类及昆虫的养法，总的说来是一本观赏动植物的百科全书。

艺圃，调鹤栽花，聊以息心娱老耳。”这记载的“锄园艺圃”句中的“园艺”二字也和上述“灌园艺蔬”一样，可作为“园艺”术语的由来。

以上所谈是园艺列入近代科学作为农业科学的一门课程和“园艺”术语的确定经过，这是近代我国园艺发展的开端。

人物链接

吴耕民(1896—1991)

吴耕民(1896—1991)，原名仁昌，字润苍。著名园艺学家、园艺教育家。中国近代园艺事业的奠基人之一。

1896年3月17日，吴耕民生于浙江省余姚县孝义乡。该地历来为浙江省重要产棉区，他自幼参加摘棉劳动，培养了热爱田间劳动的兴趣。1910年他考入绍兴府中学堂，曾受教于鲁迅先生，学习博物、生理卫生等课程，获得了动植物知识。由于中学得名师教导，自己又勤奋努力，因而成绩优异，不但中文水平高，并能用英文记日记和阅读科技书籍。1914年吴耕民投考北京农业专门学校，考试成绩名列榜首。入学后改名耕民，以示学农的决心。在当时废科举、创新学之际，知识分子多重政法、经济、理工而轻视农业，吴耕民却立志学农，他在北京农业专门学校农科学习期间，因成绩优异，而获得奖学金。1917年6月毕业后由母校推荐，经教育部部试合格，选派去日本留学。临行前，他特地到北京绍兴会馆拜访了鲁迅先生。当他把改名一事告诉鲁迅时，鲁迅高兴地说：“你学农改名耕民，名实相符，很好。”“你已农校毕业，且成绩不差，农业科学已略有根底，能去日本深造、学习，当然很好，但到日本后，不要贪多，应转攻一门，则三年有成。”1920年回国后，在东南大学、金陵大学任教，担任园艺学科大部分课程的讲课、实习和讲义编写任务。1927年起，历任浙江大学副教授、教授、园艺系主任等职。1929年4月至1930年5月由浙江大学派遣赴欧洲考察园艺，足迹遍及英、德、法、比利时、瑞士等国。1929年春，由吴耕民、林汝瑶、胡昌炽、章文才等人发起，成立了中国园艺学会。吴耕民任出版委员。同年10月，吴耕民、范肖岩、蒋芸生、林汝瑶等在杭州笕桥第二农场创建浙大园艺学会，开展了学术演讲、编写园艺丛书、调查总结浙江园艺生产技术等活动。1937 年他创建浙江省园艺试验场，自任场长，以研究柑橘为主。这是中国最早的柑橘研究单位之一，开办时，除栽植黄岩的柑橘如早橘、本地早、槾等外，并栽种了温州蜜柑、脐橙和伏令夏橙等。其后因抗战避乱遂转至广西大学任教授。1943 年夏，经农科高等教育院校教授选举提名，由教育部审查通过，任部聘教授，同时仍在浙江大学农学院任教。1952 年全国大专院校院系调整后在浙江农学院、浙江农业大学任教，直至 1987 年退休。1991 年 11 月，病逝于浙江杭州。

吴耕民毕生致力于园艺教育，参加创建我国首批高等院校园艺系，培养了我国几代园艺人才。他运用近代园艺科学知识，调查整理我国果蔬生产经验，传播国内外园艺良种和栽培技术。他对中国温带及亚热带果树的栽培造诣深厚，果树修剪的理论与技术尤为突出。一生著作甚丰，著有《果树园艺通论》、《中国蔬菜栽培学》、《果树修剪学》等。他也是中国园艺学会成立的发起人之一。

1960年在中国数学会上的发言（节选）①

陈建功

内容导读

◆ 以下两篇文章节选自陈建功先生1960年在上海召开的中国数学会上的发言。

◆ 数学具有高度抽象性和应用广泛性的特点，既要解决社会的实际问题，也要配合各种科学技术的发展。

◆ 数学既是一门基础学科，又是理工科教育的重要环节。因而，提高我国的数学教育水平具有十分重要的意义。

数　学

数学是研究现实世界中空间形式和量的关系的科学，由于空间形式和量的关系普遍存在于现实世界的各种现象中，研究这些现象就不可能脱离数学，因此数学的应用非常广泛。同时，由于数学着重研究现实世界中的空间形式和量的关系，在研究过程中，常暂时撇开事物的其他性质，所以数学具有高度的抽象性。这种抽象乃是为了使我们能够更细致、更深入、更好地认识客观世界。因此，数学的高度抽象性和应用的广泛性这两个特点，是辩证统一的，不应该把它们割裂开来看。

具体地说来，我们既要解决社会主义实际中直接提

阅读延伸

通读全文并结合生活实际，谈一谈你对“数学的高度抽象性和应用的广泛性”这两个特点的理解？

① 选自2003年8月绍兴市建功中学陈建功纪念室编写的《陈建功先生纪念册》。

出来的数学问题，也要配合各种科学技术的发展来发展数学，目的仍然为社会主义建设服务。目前实际需要中提出的问题是很多的，而首先是各种工程技术，特别是尖端技术和重大工程都用深刻的数学知识和方法，数学在现代自然科学研究中起着越来越重要的作用，尤其是现代物理学关于微观世界的研究，如果没有现代数学就不可能有前途。近年来，数学在国民经济中开始起直接的作用，特别在我国社会主义计划经济的条件下，以马克思列宁主义来指导，选用数学方法来解决国民经济中的一些带技术性的问题，乃是大有可为的。在这些方面提出的实际问题中，往往要求出数值计算出数值的答案来，因此我国数学工作者也面临着大量的计算任务。现代计算技术的发展更大大增加这方面的任务。

阅读延伸

作者认为发展数学的目的是“为社会主义建设服务”。邓小平同志曾就科技与社会主义现代化的关系提出了什么论断？有何意义？

数学发展的纲

该会以下列五个方面的问题作为数学发展的纲：

1. 尖端技术和重大工程中的数学问题：例如原子能技术、星际航行①、高速飞行、无线电子技术、大型工程（水利建设）、大型机器制造等方面的问题。

2. 自动化中的数学问题：例如电子计算机、逻辑机②、自动控制和遥控、电模拟③、大型电子系统、通讯技术、高级神经控制、机器翻译④等各方面的数学问题。

3. 现代物理学中的数学问题：这涉及原子核理论、基本粒子理论、固体电子理论等方面的数学问题。

4. 国民经济中的数学问题：例如工业合理布局、水库综合利用、交通运输、物资调拨⑤、公众事业、工农业生产过程中的数学问题。

5. 大量计算的任务：主要高效率使用现代计算技术

阅读延伸

结合所学，举例说说新中国成立后，我国在原子能技术方面取得了哪些重大成就？

阅读延伸

作者提到，在数学发展中应该重视解决现代物理学中的数学问题。回顾所学，曾在物理学与数学等多个领域产生巨大影响的是牛顿的哪部代表作？

---

① 星际航行：行星际航行和恒星际航行的统称，属于航空航天技术。
② 逻辑机：属于计算机科学技术。
③ 电模拟：求与水文地质学相关的微分方程解的方法。
④ 机器翻译：利用计算机将一种自然语言转换为另一种自然语言的过程。
⑤ 调拨：调动、拨给。

设备来从事大量数值计算，解决生产实际提出的各种实际数学问题。

数学内部有众多的学科，但它本身又是有机的整体。从当前实际需要来说，有的学科联系较多较直接，就要看作是重点发展的；有些学科联系较少或较间接，就要当做一般发展的。总的说来，是以上述五个方面为纲，带动整个数学发展。

数学是一门基础学科，它是理工科教育中一个重要环节。随着我国技术革新、技术革命的飞速发展，我们必须提高我国数学教育水平。

人物链接

陈建功(1893—1971)

陈建功(1893—1971)，浙江绍兴人，卓有成就的数学家与教育家。曾三次东渡日本留学，1929 年获日本东北帝国大学[①]理学博士学位。回国后任浙江大学教授兼数学系主任。建国后历任杭州大学副校长兼复旦大学教授。1955 年被选聘为中国科学院学部委员。

陈建功自小勤于自学，1909 年考入绍兴府中学堂[②]，是鲁迅先生的学生，并颇受鲁迅先生朴素好学的影响。求学过程中，陈建功最喜欢数学。辛亥革命时期，社会上“科学救国”、“实业救国”呼声很高。陈建功认为无论科学和实业都需要以数学为基础，而我国古代的数学已有很高的成就。于是，逐渐坚定了选择数学作为毕生事业的决心。

陈建功三渡日本留学，潜心钻研数学。期间，他在《东北数学杂志》[③]上发表了第一篇学术论文《关于无穷乘积的若干定理》，成为中国数学史上在国外正式发表

---

① 日本东北帝国大学：即日本东北大学，入选日本“超级国际化大学计划”A 类顶尖校。
② 绍兴府中学堂：即绍兴市第一中学的前身。
③ 《东北数学杂志》：由日本东北大学数学研究院出版与数学研究、数学应用相关的学术论文。

学术论文的第二位学者。此外，他也是在日本取得理学博士学位的第一个外国学者，并随后出版发行了专著《三角级数论》，成为我国学者在国外出版的第一本数学专著。

1929 年秋，陈建功就任浙江大学数学系主任一职。他自编数学课程讲义，每天备课到深夜。上课往往只带几支粉笔，一到课堂便滔滔不绝地演讲起来，他的板书中英文都写得流利潇洒。陈建功严格要求学生记笔记、整理笔记。1933 年，陈建功与苏步青①合作，首创数学讨论班②，即使是在抗战爆发、浙大西迁中也不曾间断。这不仅为国家培养了一大批数学家，也成为了浙江大学数学系的优良传统，逐渐形成被国内外广泛称颂的"陈苏学派"③。

1955 年 6 月，陈建功在中国科学院学部成立大会上，作为当选的学部委员，宣读了题为《单叶函数论在中国》的文章。此文综述了我国学者在这方面的主要成就，其中就有许多是他指导的学生和研究生所作出的贡献。1956 年秋，陈建功调任杭州大学副校长。杭州大学是一所综合性大学，行政工作极为繁忙，但陈建功依然不知疲倦地从事教学与科学研究工作，还兼任复旦大学教授，同时在两校指导研究生。在他的指导下，杭州大学数学系有了长足的发展，函数逼近论与三角函数等方面的研究队伍也在迅速成长。

纵观陈建功的一生，他在学术上为人类作出了杰出的贡献，为祖国培养了大批人才；在人品上，一贯襟怀坦白、淡泊名利、刚正不阿、光明磊落，足为后人楷模。

---

① 苏步青(1902—2003)，浙江温州人，中国科学院院士，中国著名的数学家与教育家。

② 数学讨论班：定期报告自己的研究成果与阅读国外最新数学文献的体会，并相互质疑、辩论。

③ "陈苏学派"：由陈建功、苏步青创立，又被称为"浙大学派"，在 20 世纪 40 年代享誉国际数学界。

继承父业，为振兴中华多作贡献[①]

陈翰馥

内容导读

- ◆ 父亲虽不严厉，但是威信很高，用自己的言行教育我们成长。
- ◆ 父亲是一个认真刻苦的人，他告诉我：做人，做事，做学问都要勤恳，要努力，要踏实。
- ◆ 父亲有着很强的民族自尊心，鼓励我为振兴中华多尽力量。

父亲[②]去世已十周年了。今天，我们大家纪念他，因为他是一个数学家，一个教育家，一个爱国者。但对我、对我们儿辈来讲，他首先是父亲。他用自己的言行、主要是行动教育我们热爱祖国、热爱科学，教育我们怎样做一个正直的人、诚实的人。父亲极少用严厉的态度对待我们，但在我们兄弟当中，威信很高，我们都尊重他的意见。即使在现在，当我们家庭或个人有什么疑难时，大家还常常怀念他那亲切的教诲。

父亲对我们儿辈的要求是很严格的。记得我初一刚念了一学期，父亲从杭州到绍兴来度寒假，发现我成绩不好，就十分生气，说不让我继续念书了，要我去当店员。后来六姑母告诉我，当时父亲曾对她说，我学习有潜力，要施加点压力，收收心。我不想评论这种施加压力的办

阅读延伸

为了让贪玩的作者收起玩心、认真学习，父亲对作者施加了压力。回忆自己的童年，想想自己的父母有没有过类似的施压方法？

① 选自2003年8月绍兴市建功中学陈建功纪念室编写的《陈建功先生纪念册》。

② 父亲：即陈建功，作者是著名数学家陈建功先生的第三子。

法是否正确，但对我即产生了效果，从此学习不断有所长进。

我们兄弟共有三人是数学系毕业的。有人问我，你父亲是怎样教你们数学的？是不是他培养你们选择了数学这个专业？其实，父亲从来没有教过我一道数学题或作过其他任何数学上的具体指导。我高中毕业时，要报考大学，为了填写专业，我就请教父亲。他说要根据自己的所长、自己的志趣来填写专业，并以他自己为例来教育我。原来父亲是学化工染色，但后来发现自己双手做实验不够灵巧，不适宜学化工染色，就下定决心，改学理科。但父亲并不死板地强调个人兴趣。我一九五四年高中毕业，念了一年俄语后，要派我到苏联去上大学。当时，分配给我的专业是水运工程经济①。父亲知道这不十分合我的意愿，然而他又鼓励我努力学习，教育我要顾大局、识大体，服从国家分配，并说在各个岗位上，只要努力去做，都可以做出成绩来。

阅读延伸

文中提到作者高中毕业后，将被派到苏联去上大学。回顾所学，哪些史实可以论证建国初期中苏的友好关系？

父亲是一个民族自尊心很强的人，他首先提倡大学用汉语讲课、编讲义。但他并不是不重视外语。他自己五十多岁还从头学俄语，经过几年的努力，确实达到了相当水平。平时他经常对我们说："外国文，很重要。"记得一九五四年我在北京学俄语时，有一次他在北京开会，我就向他说在这里学外语耽误了一年的专业学习，不合算。他回答说，学好一门外语，一辈子受用不尽，叫我专心学习。

阅读延伸

收集陈建功的资料，谈一谈作为父亲的陈建功与你印象中的陈建功有何不同？

父亲每次上课前认真准备。平时勤奋工作的情景都还历历在目。然而，给我印象最深的是他对学生的态度。他对学生的论文修改非常认真，不仅内容、而且文字也都要修改。他还说，凡是学生的论文，仅仅因为他是指导老师而把他的名字列上去的，他一律要划掉。并常常教育我要正确对待名利，尊重别人的劳动。至今，当我碰到类似问题时，我就以他为榜样。

阅读延伸

通读全文，试着归纳父亲的哪些方面给作者留下了深刻的印象？

---

① 水运工程经济：水运工程与经济的交叉学科，是研究水运工程实践活动经济效果的学科。

现在，我只有在科研上努力工作，为振兴中华多尽一份（现在用“分”）力量，才能对得起党和人民对我的培养，对得起九泉之下的敬爱的爸爸。

人物链接

陈翰馥

陈翰馥，原籍浙江绍兴，1937年生于杭州，自动控制理论专家，是我国著名数学家陈建功先生的第三子。1961年毕业于列宁格勒大学①数学力学系，是中国科学院系统科学研究所研究员。1993年当选为中国科学院学部委员（技术科学部）。

1948年，陈翰馥考入浙江绍兴县立中学初中②。1951年毕业于浙江省立绍兴中学初中部。那时候的陈翰馥贪玩不爱学习，成绩单上多是六七十分。父亲认为，这孩子有潜力，不吓唬一下不行。于是趁着路过中药店“天宝堂”的机会，一脸严肃地对陈翰馥说，“你要不要念书，如果不要念，就到这里来做药店倌”③。陈翰馥把父亲的话当了真，从此收起了贪玩的天性，认真学习。从初二起，他的学习成绩渐渐上升，并对数学产生了浓厚的兴趣。到了高中，陈翰馥的几何作业本还常常被老师拿去当做标准答案。

由于学习成绩优异，陈翰馥高中毕业后被保送到留苏预备部，先在北京俄语专科学校学习。陈翰馥对未来充满希望，学习也非常努力。俄语训练一年后，陈翰馥满怀希望能去一个名牌大学的数学系。可谁知竟被分配到列宁格勒水运学院工程经济系。陈翰馥为此十分沮丧，可考虑到这是国家的需要，还是打点行装登上了北去的列车。

头几年的学习让陈翰馥感到信心不足。第一年上课俄语不能全懂，到了第二年，专业的课程并不像数学那样有严格的推理性，发挥不了陈翰馥的特长。就在此

---

① 列宁格勒大学：即圣彼得堡大学，是俄罗斯最古老、最优秀的大学之一。
② 浙江绍兴县立中学初中：后并入浙江省立绍兴中学，即绍兴一中的前身。
③ 倌[guān]：指在茶坊、饭馆、药店等店铺的伙计。

时,命运眷顾了陈翰馥,他得知了使馆留学生管理处正在调整留学生的专业。这次,陈翰馥成功地转学到列宁格勒大学数学力学系。随后,陈翰馥如鱼得水,每门功课都是 5 分①。

毕业回国后,陈翰馥被分配到中国科学院数学研究所概率统计室工作。1962 年,陈翰馥成为了由钱学森创建的控制理论研究室的首批成员,开始了他与控制理论难舍难分的一生,并成为我国控制论历史上少数几位能在西方学术界产生重大影响的学者。1993 年,陈翰馥当选为中国科学院学部委员。

陈翰馥是一位理智、稳重的科学家,有着极强的事业心与民族自尊心。父亲,是他永远前行的动力与方向。

① 5 分:当时采用五分记分制,5 分即为最好的 A 等成绩。

莫高窟的智慧

徐扬生

内容导读

◆ 莫高窟始建于十六国前秦时期，它的发展经历了一个悠久的历史，其承载的历史文化积淀十分深厚，文章特别提及于唐朝时期莫高窟的发展达到繁荣与鼎盛，为什么？

◆ 文章中反复强调敦煌艺术最为辉煌的成就在于她的包容，这句话有几方面的内涵？你是如何理解的？

从小就知道西边的沙漠上有一颗明珠，那就是我一直梦想要去的地方。去年终于得偿所愿，与一班香港的朋友结伴游览了敦煌莫高窟，总共走了二十多个洞窟，十分过瘾。

敦煌莫高窟始建于十六国时代，经十六国、北朝、隋、唐、五代、西夏、元等历代兴建，终成规模，目前共有洞窟700余个。然而，莫高窟最为辉煌的时代当属唐朝，据说那时洞窟的数目曾达千余个。北宋之后，莫高窟才渐趋衰落，元代后就更为冷落荒废。莫高窟的兴盛与丝绸之路的繁荣紧密相关。当时，莫高窟作为丝绸之路上的重镇，无论是达官贵人、商旅使者，还是僧侣和传教士都会在此经过。因而，敦煌艺术最为辉煌的成就就在于她的包容，不同民族、不同宗教、不同艺术流派的精华都得以在敦煌交融呈现。我还想象不出世界上会有第二个地方，

阅读思考

运用所学的《文化生活》的知识，说出文化包容性的具体要求是什么？

能够像敦煌这样，把千姿百态的世界文明统统融合在万里沙海中的一块小小的石崖上。

去莫高窟①之前，我想她大概与其他石窟无二，无非是一些石雕、菩萨和壁画。但到了莫高窟，我却实实在在地被眼前的景象震撼了！这种震撼远远大于任何一个宗教寺院、艺术展览或人文古迹所带给我的感受。仔细想来，其缘由大概因为莫高窟包含了所有你想象的（现在用“得”）到和你想象不到的东西，她是包罗万象的，这种包罗万象体现了她巨大的包容精神。

莫高窟的包容随处可见。作为佛教圣地，她处处颂扬着佛陀的功德，然而，她的一些壁画风格却颇似基督教教堂中的壁画与窗画，而有些人物故事又出自道教的经典。敦煌壁画常以印度古代摩伽陀国的神话为题，但其中的山水风景与线条风格又往往透露着中国传统的画风。敦煌壁画的色彩也很奇特，一方面她有张大千临摹敦煌壁画后常在作品中用到的淡绿鲜艳的泼彩水墨，另一方面她又有许多近似伊朗、希腊一带壁画的棕黑与深蓝的色调。典型的佛教神话如飞天、九色鹿王、比丘尼遇难等故事在壁画呈现上采用各种画法，异彩纷呈。这可以说是那个时代百花齐放所特有的灿烂辉煌。

敦煌艺术最辉煌的时代在唐朝，这与唐朝包容宽松的政治经济环境极为相关。唐代不仅是我国历史上最为宽容的朝代之一，在世界历史上，可能也只有古罗马帝国能够与之相较。唐代的用人制度，自唐太宗始，都是宽容且多元的。据考证，那时的政府官员有三分之一是外国人。我想现今任何一个国家、地区的政府恐怕都很难做到这点。唐代也是宗教信仰十分自由的时代，道教与佛教在这段时期均发展蓬勃，这在我国历史上的所有朝代中，或者其他国家的不同时代也是极为少见的。

阅读思考

文中提及从唐朝到元代莫高窟兴衰变化历程，结合所学知识，举例说明唐太宗时期与明朝对外政策的异同？

---

① 莫高窟，俗称千佛洞，坐落在河西走廊西端的敦煌。它始建于十六国的前秦时期，历经十六国、北朝、隋、唐、五代、西夏、元等历代的兴建，形成巨大的规模，有洞窟 735 个，壁画 4.5 万平方米、泥质彩塑 2 415 尊，是世界上现存规模最大、内容最丰富的佛教艺术地。

敦煌艺术启示我们：宽容、多元、包容不仅对艺术，对一个地区，乃至一个国家的发展都是至关重要的。从历史上看，每当一个地区的人民具有宽宏包容的心态，这个地区就开始发展、逐渐兴盛，继而在心态上会更为自信、更加包容，最终走向繁荣与强盛。唐朝就是一个例子。反之，如果抱有保守狭窄的心胸，这个地区就会日渐封闭保守，逐渐走向没落，明朝就是一个例子。

当然，包容精神的本质是对自己的信心。古人讲“有容乃大”、“以大度兼容，则万物兼济”，包容是一种高贵的品质和成熟的心境，有了这种品质和心境，人会变得豁达，变得坚强；艺术会变得丰富，变得有趣；科学会变得广博，变得深厚。一个“容”字是古今中外，无论是文化艺术，还是科技产业，从弱到强，从无到有的根本原因。“容”字体现了一个人，一个民族的格局和未来的走向。

这让我想到今天的深圳。在深圳百分之九十以上的人都是外地人，在这个平均年龄不到三十岁的城市里，到处可见年轻人的创新活力。为什么在这短短的三十来年里，有这么多年轻人到深圳来？他们为什么不到别的地方去呢？这中间一定有其原因。我问过很多年轻人：“你为什么要到深圳来？”他们的回答大多是以下两点：第一，这里的机会多一点；第二，这里不排斥外地人。其实第一点也是由第二点作为前提的。能够容纳外地人是一个地方兴旺发达的最基本因素。上世纪的纽约和上海是如此，今天的硅谷和深圳亦是如此。在深圳，很少有人问你是哪里人，因为几乎所有人都是外地人。曾经有位香港朋友问我，深圳都是些什么人？我回答，我们深圳都是乡下人，无非是进城的先后和来自的乡下不同罢了，有的进城早，有的是刚刚进城，有的说潮州话，有的说湖南话，有的说东北话，有的说四川话。就是这么多成千上万、上百万、上千万的年轻人，从全中国各个角落奔赴深圳，怀揣梦想，艰苦创业，互不歧视，造就了这座城市经济与科技无与伦比的辉煌！

阅读思考

结合所学知识，分析三十年里许多年轻人到深圳来的政策因素。

来了就是深圳人，深圳的文化就是包容多元的文化。如果要用一个字来描述深圳的文化，那就是“容”。你看，广州人说粤语，上海人说上海话，全国各地都有自己的方言，连北京都有北京腔的京片子，只有深圳没有“深圳话”。在深圳，深圳人讲自己听得懂的普通话，北京人能听得懂，香港人也听得懂。

阅读思考

从哲学生活角度出发，运用“矛盾”有关知识解释“包容”的意义。

到街上去看，穿什么衣服的人都有。前两天，我与一位内地的朋友在街上走，前面一个男子穿着一件现在很难见到的草绿色的军大衣，旁边走着一位穿着超短裤的女孩，露着两条修长的白腿。我那位朋友悄悄地对我说：“你瞧这俩穿的！”我说：“挺好，一个青菜，一个萝卜。”想当年在内地，有哪个年轻人留长发，穿大口的喇叭裤，准有街头老大妈挥着剪刀等着，一看到就追上来剪。

在敦煌听到这样一个故事。几十年前，敦煌还不像现在这样有名，没有多少游客，只有几十名考古工作者埋头在沙漠里做研究。这些考古工作者常常在晚上被热闹嘈杂的人声所惊醒，醒来一看却什么人也没有。睡下后，不一会儿又听见人群熙熙攘攘的声音，好像是当年画壁画的画家和工匠们在和市民们说话交流。有趣的是，这些考古学家怎么也听不懂他们在讲什么话。我不禁插嘴“估计他们讲的也不是一种语言”，他们是来自世界各地的艺术家啊！我那天晚上在想，如果五百年后在深圳的华强北地区“闹鬼”的话，那些鬼可能都讲些什么话？是的，在今天的深圳，人们在机场，在车站讲着各种各样的语言，熙熙攘攘之下是不同文化背景碰撞所产生的火花，所激发的创新，所催生的新时代的文化。

世上的事到最后是一个“容”字。你能容多少，你就能得到多少。世界是大海，这个“容”字就是你手上的那只碗。在历史的长河里，我们所看到的是多少人的可怜的小碗在这个大海里拼命倒腾，为的是盛到更多的水。然而，能盛多少水与你的倒腾没有太多关系，而只与你手上那只碗的容量有关。即便是知识，亦是如此。清代画家石涛在讲到书画时曾经说："天之授人也，因其可授而授之，亦有大知而有大授，少知而小授也。"你看，你容器如果小的话，即使老师也只能交给你一点点小小的技能。此所谓"水惟善下能成海，山不矜高自极天。"

昔日的莫高窟和今日的深圳说明了同一个道理：海纳百川，是海之成为海的唯一途径。心胸有多大，格局就有多大。你容得了天下，你就是天下！

（文章选自"徐扬生微信公众号"，于 2016 年 12 月 7 日发表。）

阅读思考

说出文章中令你印象最深刻的内容，并谈谈自己的理解和感悟。

人物链接

徐扬生

徐扬生，男，中国工程院院士，香港中文大学机械与自动化工程学讲座教授。出生于浙江绍兴，于 1972 年就读绍兴一中初中、1975 年就读于绍兴一中高中。1982 年及 1984 年分别获得浙江大学学士、硕士学位，1989 年获得美国宾夕法尼亚大学博士学位。1989 年至 1997 年在美国卡耐基梅隆大学计算机学院机器人研究所从事空间机器人研究，1997 年起在香港中文大学任教，历任副教授、教授、讲座教授。同时他担任系主任（1997—2004），校长助理（2006—2008），中国科学院香港中文大学深圳先进集成技术研究所所长及中国科学院深圳先进技术研究院副院长（2006 至今），先进集成技术研究所所长，香港中文大学协理副校长（2008 年至 2011 年）。香港中文大学副校长（2011 年至今）。2013 年 7 月获聘为香港中文大学（深圳）首任校长，任期 4 年。

2011 年 3 月，香港中文大学与深圳市政府签署意向性协议，筹办香港中文大学深圳学院。2013 年 7 月底，中国工程院院士徐扬生受聘成为港中大（深圳）首任校长。

在被问及一个大学的校长是什么样的人？香港中文大学（深圳）要培养什么样的人呢？他这样说道："校长，在我的眼中，校长必须是懂教育的人。学校的管理、大学的管理，是和工厂的管理、军队的管理、机关的管理很不一样的。真正的校长，必须是懂得学校管理的规则的人，校长不仅要管教学，管科研，更重要的是要对教育有热情。我母校绍兴一中，出了两个北大的校长，一个是蔡元培校长，一个是蒋梦麟校长，都是在北大作出很多贡献的校长。我看了很多他们的书，我觉得他们俩的治校都是有一套教育理念在里面”。

对于培养学生的目标，他说道，希望香港中文大学（深圳）培养的学生不仅是一个专才，更应该有一些社会责任感，有一些独立的思辨能力，更懂得社会上人与人之间处理事情的一些方法，而且，我觉得学生们也应该有全球视野，不能光是看到自己眼前的。所以，我们一定要有很好的全球的交流，你没到国外去，连英文都不会说，怎么会有全球视野，所以为实现国际化的目标，对于我们学校和学生的要求是非常高的。今后的世界就是靠创新型的人才来领导的。但是，怎么才能培养创新型人才呢？最重要的是培养学生的独立思辨能力，我们叫培养 leader，而不是培养 follower，我们目前的部分学校过分强调怎么做 Good follower。如果全中国培养的学生都是 follower，那我们的国家实际上会一直在跟着外国在发展，而不能成为一个引领整个世界向前发展的民族。我们五千年的文明，一直是在引领着整个世界文明前进的，所以我们需要培养具有领袖气质的一代新人。

追求你最感兴趣的事情，负起对社会的责任

叶　军

内容导读

1. 本文为叶军回到上海交大为学弟学妹的演讲稿，在他的演讲中，强调科学研究需要具备哪些思维品质？并谈谈你的认识。
2. 从一件你“最感兴趣的事情”到成就一份“不断攀登更高峰的事业”，你认为这个过程中最需要什么，说出你的理由。

各位学弟、学妹们，

你们好！

我来参加今天的毕业典礼，听了张校长讲话，心情也是非常激动，我觉得作为一名交大人非常自豪！今年是我进入交大30周年，毕业离开已经有26年，每次回到交大，在交大校园里面能够和同学一起打篮球，到游泳馆游泳，就仿佛觉得又回到了年轻的时代。一方面同学之间这么多年的感情永远不会忘记，另一方面师长在交大对我们的培养之情，就像父母对我们的养育之恩一样难忘。

> **阅读思考**
> 说出交大的纪念碑上书写的“饮水思源”四个字有何意义和价值。

我在交大的时候住在徐汇校区1号楼，门前就是“饮水思源”的纪念碑，形状是我们交大的校徽，每天都能看到。离开交大以后，我对交大校徽的体会反而越来越深，为什么呢？如果你们看当中的图案，这是交大的前辈给我们设计的，这个图案每次看到的时候我都会想起一句话“如果你在实验室里面干上一个星期，省了我上图书馆一小时”。这话听起来有点傻，但是“大智若愚”，往往在

> **阅读思考**
> 文中谈到“实验室干上一星期，省了我上图书馆一个小时。”如果是你，你更愿意选择哪种行为，说出你的理由。

这样的话里面隐藏大智慧。为什么？因为交大教育我们只有自己从事实践才能够发现真理；交大告诉我们一定要有自己的想法，然后更要用自己的双手去创造去实现；交大告诉我们要实干，只有实干以后的知识才是你自己的，才能积累起来，才能用它来做大学问！有了这个扎实根底你才可以追求自己的梦想，追求你最感兴趣的事情，追求对社会有用的事情！

借此机会，我希望能够跟你们交流一下我自己个人的生活经历。

攀登更高的峰总有新的挑战

讲一个小故事，我在自己有了物理实验室以后，很重要的一个科研项目是做原子钟，这张图片显示的是用激光去探查这些原子的电子轨道，电子轨道可以告诉我们时间，这样的原子时间标准是现在做时间标准的最准方法。要做好一个原子钟不简单，它需要你去掌握并且发展世界上最先进的科学技术，包括激光科学、量子力学、原子物理、精密测量等，在过去 25 年当中，诺贝尔物理学奖曾经 5 次发给这原子、分子、光学领域的 14 位科学家，足见其重要性领域，其中还有一位华裔的朱棣文教授，他们的工作都或多或少与原子钟的发展有关。是什么力量驱动他们这么投入的从事研究，就是他们的远大追求和激情。他们就是要追求量子系统的研究和对精密测量的应用，这是他们共同的梦想。

站在这些大师肩膀上我们可以看得更远，但是你必须有自己的想法才能够攀登下一个科学高峰，我们如果想往前更进一步必须要有创新的想法！

我们的想法很简单，就是如果他测一次我就测一千次。我们方案的创新之处是，在一千个原子、一万个原子同时进行测量过程中，还要实现每一个原子都测得非常精确。难度在哪里？我举个通俗的例子，大家知道父母养育孩子的时候非常辛苦，如果家里面只有一个孩子，他调皮的时候你还可以控制，如果你有 10 个孩子，每一个孩子都很调皮，都很贪玩，这个就是很头疼的事情。如果这里

阅读思考

当今一直强调创新的重要意义，文中同时提到要“站在大师的肩膀上”，这两者有何内在联系？

有一千个、一万个原子，一个原子往东一个原子往西，而且他们之间还有互相作用，如果你不了解他们的习性，做出的原子钟就不准确，所以要把这件事情做好很难，我们过去6、7年就一直坚持做这个事情。把原子之间的作用测得很准，能够把这个事情做出来，过程中每一个小的科学问题都可以发表一篇很好的科学文章，这些这里面可以看到交大的精神，就是一步一个脚印的去解决重大问题。

阅读思考

文中谈到“过程中每一个小的科学问题都可以发表一篇很好的科学文章”，其中蕴含着“小与大”的关系，这体现了一种怎样哲学思维？

探索总能带来想不到的惊喜

我们了解这些原子的作用以后，又给我们一个新的历史机遇，我们能够利用这些原子之间的相互作用来研究量子力学里面的更多变化，用新的量子系统与多体物理来推进测量科学前沿，这就是我们科学继续往前走的动力。我们现在可以造出一台原子钟，在整个宇宙的寿命里都不失去一秒钟，有这样的钟以后你就可以有更多的梦想，我们梦想这样的原子钟是可以成为人类探索宇宙世界里面未知奥秘的最精密的科学仪器！

探索总能带来想不到的惊喜。伽利略造出望远镜之前，人们想不到今后能够发现土星的卫星；拉姆齐(Ramsey)教授发明精密谱线实验手段的时候，没人想到有一天用智能手机可以精确定位和导航世界上的任意角落，告诉你拥堵的时候该走那条路，在这基础上，当然还可以有更高的梦想，比如可以让地球上重力分布的测量精确到一毫米。有了这些梦想你才会想下一步实验怎么做。这个探索未知的精神非常重要，因为它可以帮助你打开新窗户，探索新东西，可以给你带来意想不到的惊喜。

阅读思考

“探索未知”可以带来意想不到的惊喜，更多时候会带来接连不断的打击与质疑，面对结果的双重性，你会如何抉择？

更好的明天

最后，我相信明天总会比今天更好，这是我们面对人生必须要有的乐观精神。我看到毕业典礼的横幅上有四个词——感恩，责任、激情、梦想，这几个词非常好，我觉得在座每一位同学你们的理想抱负就是你们的梦想，你们要创新就必须要有激情，你们做自己喜欢的事情是对你们自己负责，做对社会有用的事情是对社会负责，这些事情都做到了，这就是对养育你们的父母，对教育你们交大的师长们最好的感恩。

最后祝愿各位学弟学妹们，从此扬帆远航、鹏程万里！

（选自叶军在上海交大的演讲 2015-07-05
责任编辑：刘煜昊）

人物链接

叶军，男，汉族 1967 年 11 月出生，浙江绍兴人，美籍华裔物理学家，美国国家科学院院士。美国天体物理联合实验室（JILA）研究员、美国国家标准和技术研究院院士、美国科罗拉多大学物理系正教授。

叶军

1985 年绍兴一中高三(3)班毕业。1985—1989 年就读于上海交通大学物理系，获得物理学学士学位，1997 于美国科罗拉多大学获得物理学博士学位。1999 年起执教于科罗拉多大学物理系，2009 任正教授。上海交通大学与华东师范大学客座教授。他是美国光学学会会士（OSA fellow），美国物理学会会士（APS fellow）。并于 2011 年当选为美国国家科学院院士。

叶军是美国著名物理学家，诺贝尔物理学奖获得者约翰・霍尔的学生。叶军 1999 年 8 月回到 JILA，建立了自己的实验室，虽然是独立研究，但与约翰・霍尔博士有密切合作。2008 年，霍尔退休时，叶军接管了他的实验室。他在霍尔的诺奖成就——解决光梳技术最关键的实验中发挥了极为重要的作用。

所谓的“光梳”是指拥有一系列频率均匀分布的光频谱，这些频谱仿佛一把梳子上的齿或一根尺子上的刻度，光梳可用于测定未知频谱的具体频率。1978 年，汉斯首次提出光梳的概念，20 世纪末，汉斯、霍尔、叶军及其他研究人员对光梳技术进行了有效改进，测量精度达小数点后 15 位。

叶军要更上一层楼，他和他的博士生、博士后们有一个共同目标：做世界上最好的原子钟。2006 年 12 月 1 日出版的《科学》杂志发表了他的研究小组的最新突破成就：《在 1 秒时间范围内光原子的共振》（optical atomic coherence at the 1-Second Time Scale)。美国《新科学家》杂志预言:(叶军的)这台锶原子钟将取代现存于 NIST 的铯原子钟,成为世界新的黄金计时标准。

卡尔·蔡司研究奖的网站这样评价叶军的锶原子钟:“从精度和稳定性看,他的测量装置是目前世界上测量光跃迁的锶原子钟中最领先的装置之一。”专家们预测,这台钟测量时间的精度比目前保存在美国国家标准和技术局中的铯原子钟更准确……其准确率相当于 7 000 万年差一秒。

第五单元

江山代有才人出

百年一中，几经易址，而代代学子情意依旧。一中的底蕴孕育了他们的才气，而他们的成就也垒筑成一中的底气。

胡愈之，1911 年越级考入绍兴府中学堂（我校前身）实科二年级，他是为革命不辞辛劳的忠诚卫士，更是出版界“运筹帷幄的主帅”。心中存良知，笔下有温度，作为《世界知识》刊物的创办人，他写下的创刊词，发出了“中国是‘世界的中国’了”的慷慨宣言，彰显了淋漓的爱国情怀。胡鸿烈，连跳三级考入省立绍兴初级中学（我校前身）。拥有治学济世情怀的他，1971 年同夫人钟期荣创办香港树仁学院，百年树人，更树仁义于百年。离乡半生，耄耋之年重回故乡，而故土的养育，母校的栽培早已柔肠百转，永志不忘，“爱乡楷模”车越乔，1949 年考入绍兴中学（现绍兴一中），（他爱绍兴，是要把栏杆拍遍，把它嵌骨肉血脉中。）这满腔的故土情怀，催促他奋进，于是便有了“越文化实勘研究”这一课题项目，追溯古越前世今生，思乡之梦，萦绕不去。“央视主持人”劳春燕，1987 年考入绍兴一中，三年光阴终不负心中“记者梦”，1990 年她以浙江省文科第四名的优异成绩考入复旦大学新闻系，梦想要“扛得住，舍得下，有信念，敢犯傻”，2013 年她受邀在复旦毕业典礼上如是说。这是“以梦为马，不负韶华”的笃定情怀。

他们都是从这个校园里走出去的追梦人，都是在各个领域建树颇丰的奋斗者，都是情系母校故地的思乡人。阅读本单元，重在感受和体会“此刻”与“未来”的关联，“出去”与“回归”的情愫。

《世界知识》创刊词[1]

胡愈之

内容导读

本文是《世界知识》刊物创办人胡愈之先生为其写的创刊词。创刊词中具体谈及的问题或许时过境迁，但它的思想、气势、呐喊乃至文采，依然光芒四射，令人有“高山仰止”之叹。胡愈之对社会进步做出过超乎寻常的贡献，《世界知识》远远不是他的一切，但《世界知识》却是他创办的诸多杂志中唯一生存至今的。胡愈之是我国国际问题领域的拓荒者，《世界知识》创刊词是拓荒者慷慨激昂的宣言。

中国是“世界的中国”了。

假如西藏高原和印度洋中国海的深渊，永远是不可飞越的天然门户，那么，一切洋鬼子都给滚出去，让我们关上大门，维持着“光荣的孤立”罢。

但是不能。

假如二千余年前建造的万里长城，远能抵挡住近代的进攻武器，教胡骑不敢进窥中原，那么，就算已丢失了东北四省[2]，我们也只好将就些，过着偏安的日子。

可是要将就也不让你将就下去。

假如从我们老祖宗一直用到如今的那一套锄头犁耙，比得上最新式的电耕机和联合机；假如原始的手工业，

---

① 选自《世界知识》1996年16期。

② 即黑龙江省、吉林省、辽宁省和热河省。抗战胜利后国民党接收东北，改东北四省为九省。1955年7月30日，第一届全国人民代表大会第二次会议决议，撤销热河省。原热河省所属承德市，划归河北省。

抵得过机械化的大量生产；假如张天师[1]的灵符，班禅喇嘛的经咒，孔老夫子的微言大义，能够抵挡这经济侵略的狂潮，挽救这农村没落的运命，那么我们也就不妨坐守五千年的田园，读圣贤书，念弥陀佛，做个安分的太平百姓罢。

可是事实显示着，这尤其是一个永不会实现的梦想。

总之，不管我们愿意也罢，不愿意也罢。中国——

中国到底是"世界的中国"了。

中国是"世界的中国"了。世界却是一个什么世界呢？

近代的一大怪物——资本帝国主义——用了本国和殖民地内整千整万平民的汗血和枯骨作基础，建造起一座大厦，这就称作"文明世界"。"文明世界"的外表原是光辉灿烂的，可是内面和底层，却充满了丑恶，肮脏暗黑和崎岖不平。因此这大厦建造得不到几时，现在却已在整座儿动摇着了。

可不是吗？称为现代的奇迹的科学发明和技术进步，并不能造成"世上乐园"，却产生了战争，掠夺，饥饿和失业。帝国主义百余年来，从本国和殖民地巧取豪夺所积累的无量数财富，却变成阻碍肠胃消化的毒素，徒然使战争和屠杀连续地发生，失业队伍一天天扩大，人类休想再过一天安枕的日子。要是单从黑暗的方面来看，二十世纪过去了三分之一的今日，比罗马帝国没落期的黑暗时代，并没有相差的多少。

阅读思考

你如何理解作者所说的"称为现代的奇迹的科学发明与技术进步，并不能造成'世上乐园'，却产生了战争、掠夺、饥饿和失业"？

这"文明世界"的大厦，会整座儿坍倒下来吗？那是断没有疑问的。但是在将近坍倒以前，这大厦的主人却必须拼命支撑着，挣扎着。这自然再没有别的办法，只有更多地掠夺，更多地巧取豪夺，更多地用血汗枯骨来填塞这动摇着的基础。因此消货的市场，是感到过分狭隘了；积累的资本是过分膨胀了；殖民地是不够分配了；堆栈里

---

① 张天师：即张道陵，字辅汉，东汉沛国丰县人。是五斗米道的创始人。道教徒称他为张道陵，张天师，祖天师，正一真人。相传张道陵以虎为坐骑，在某些道教流派中，张道陵与葛玄、许逊、萨守坚共为四大天师。

容纳不下的商品，只好抛掷在大洋里，或者付之一炬了①。总而言之，世界是非再经一度分割不可了。

大战后短时期的稳定和繁荣，早就成为水花泡影。经济，军缩会议相继夭亡②。和平公约③早成为一撮废纸。日内瓦的和平鸽子④，只想在欧洲大陆展开翅膀，却也未必能畅快地飞翔，更谈不到干涉远东和美洲的战争。在百业萧条中，只有兵工厂、飞机厂是在日夜不停地赶造定货。一面各国拼命地扩张军备，一面又在结成军事的经济的国家集团。假定我们不是健忘，那么，都会明白眼前的世界，和二十年前第一次大战爆发的前夜，几乎是相同的。

可是历史到底是在不绝地演进着，而不是循环着的。假如目前的世界和二十年前，表面是相同的，实质上却已起了显著的变化。第一，资本帝国主义以不同的面目来出现了。这近代怪物要想挽回没落的命运，就顾不得表面的一切。民主主义，个人自由，国际协调，这些原是"文明世界"的美丽外衣，现在索性都被下了。留下的只是榨取，掠夺，压迫，屠杀的赤裸的本质。从北海到地中海，从大西洋到太平洋，到处掀起法西斯替的狂潮。在政治上表现着极端的国家主义⑤，

---

① 1929—1933年资本主义世界经济危机中，广大劳动人民饥寒交迫，流离失所，但垄断资本家为了维持他们的利润，稳定商品价格，却大量销毁商品。大量的玉米、小麦、棉花、牛奶等产品，或被当作燃料，或被倾人河流、大海。

② 第一次世界大战结束后，1919年1月18日至6月28日在巴黎凡尔赛宫举行讨论战后问题的国际会议，即巴黎和会，签订《凡尔赛条约》。条约中限制德国军事力量的规模以及配备，包括了撤除空军以及撤销参谋部等。但后来德国在希特勒的主导下，推翻《凡尔赛条约》且加速重整军备的计划，甚至以大规模征兵的方式扩充部队兵力等，国际局势紧张，加速二战爆发。

③ 即《凡尔赛条约》。

④ 1920年成立的国际联盟，总部设在日内瓦，其宗旨是"促进国际合作"，保证"和平与安全"，但实质上是英法控制下维护凡尔赛体系的工具。后因美国、苏俄等大国没有加入，缺少普遍性和权威性。20世纪30年代，英法控制下的国联，对日本、意大利、德国的侵略扩张，持姑息纵容态度，无法起到维护和平的作用。

⑤ 极端国家主义：其实质是国家意志的极端化，亦可称为绝对国家主义，其对内取向是国家至上主义的国家崇拜和领袖崇拜，极端的社会控制，超强的极权体制，政治信仰和意识形态的极端一元化，追求民族构成的"纯粹性"和"纯洁性"。极端国家主义对外政策的心理基础往往是所谓的"种族优越论"，其对外行为取向是颠覆既有的国际秩序和利益格局，打破旧有的权力均势，扩张领土和追求势力范围，建立地区乃至世界霸权。因此，战争是极端国家主义贯彻其绝对主义哲学、实现其极端主义国家目标的基本途径。极端国家主义具有历史性，在本质上属国家主义发展、演变的极限性阶段。

黩武主义[1]，在经济上表现着锁国主义[2]，自给自足主义[3]，货币关税的战争[4]。一切的民主主义[5]者，自由主义[6]者，人道主义[7]者，现在已消失了他们的本来任务，被送入牢狱，或圈禁营里去。因此，“文明世界”不但内部溃烂，连外部的光辉，也已退（现在用“褪”）了色。最后坍倒的日期，是更加迫近了。

第二，和这“文明世界”对峙的另一个世界[8]，已建下了基础了。十七年前，在世界六分之一的土地上，开始向“文明世界”竖起反叛的旗帜。这些叛徒们，最初为了萧（现在用“肃”）清内部敌人而斗争，他们是胜利了。后来又为了合力征服自然，提高生活水准而斗争，他们也快得到胜利了。现在他们正在赶工建造一座新的大厦，——以平等自由作栋梁而不以汗血枯骨作础石的大厦。无疑地这新大厦完工的时候，便是旧大厦崩溃的日子。在当初，这些叛徒们，不过给“文明世界”以精神的道德的威胁，现在又加上了物质的威胁。他们的物质建设，超越了先进的帝国，他们的防卫威力，吓退了挑战的敌人。旧世界虽然切齿痛恨着，却不得不前倨后恭起来。至今世界政治，经济，文化各方面，都不能不让它占

---

① 黩武主义：又称军国主义，指崇尚武力和军事扩张，将穷兵黩武和侵略扩张作为立国之本，将国家完全置于军事控制之下，使政治、经济、文教等各个方面均服务于扩军备战及对外战争的思想和政治制度。

② 锁国主义：孤立主义的一种极端形式，在经济上，通过立法全面限制与国外的经济贸易交流。

③ 自给自足主义：认为生产的目的不是为了交换，而是为了直接满足本经济单位或生产者个人的需要，生产过程中人与人的关系十分简单明了，各个经济单位又彼此处于分散、孤立的状态极易因循守旧、墨守成规、闭关自守。随着商品货币关系的迅速发展，该经济形态逐渐趋于瓦解，为资本主义经济所代替。

④ 货币关税战争：即通过调整国内货币和关税来刺激经济发展的手段。

⑤ 民主主义：认为人民有参与国事或对国事有自由发表意见的权利。

⑥ 自由主义：追求保护个人思想自由的社会、以法律限制政府对权力的运用、保障自由贸易的观念、支持私人企业的市场经济、透明的政治体制以保障少数人的权利。在现代社会，自由主义者支持以共和制或君主立宪制为架构的自由民主制，有着开放而公平的选举制度，使所有公民都有相等的权利担任政务。

⑦ 人道主义：是重视人类的价值，特别是关心人的生命、基本生存状况的思想，关注人的幸福，强调人类之间的互助、关爱。在西方，人道主义起源于欧洲文艺复兴时期，针对基督教教会统治社会的神道主义而形成的一种思潮。该主义的核心是重视人的幸福。后来也延伸为扶助弱者的慈善精神。

⑧ 1917 年 11 月 7 日，俄国爆发十月革命。十月革命是共产主义运动在人类历史上首次获得的胜利。第一个宣称为实现了“无产阶级领导”的社会主义国家也因此诞生。

着主要的地位了。

第三，斗争的场面也变换过了。假如二十年前的大战①，只是帝国主义的内部火并，而一切殖民地弱小民族，只处于被支配的消极地位，那么，在目前，情形却完全不同了。占全世界人口半数以上的被压迫民族，现在已不能而且不愿束手待毙了。东亚大陆的一片肥沃土地，和广大群众，已不只是资本帝国主义贪欲的最后目的物，而是直接促成“文明世界”坍倒的主要动力。飓风是从最低的气压产生的。火山是从最脆弱的地面爆发的。远东战争②的开始，如今已是三年了，但是它的终了，一定是在整座“文明世界”倒坍（现在用“塌”）的日子罢。

我们的后面是坟墓，我们的前面是整个世界。怎样走上这世界的光明大道去，这需要勇气，需要毅力，——但尤其需要知识。

《世界知识》却在这时候，呱呱堕地了。这决不是偶然的。

祝福这小东西罢！它将帮助你认识世界！在走向“世界的中国”的途程上，它将尽一点小小的力量。

祝福这小东西罢！

祝福这小东西的朋友们罢！

1934 年 9 月 16 日

阅读思考

文中两处提到“世界的中国”，这两处的意义相同吗？结合当今国际局势，分析当前中国是“世界的中国”。

胡愈之（1896 年 9 月 9 日—1986 年 1 月 16 日），原名学愚，浙江上虞人。出版家，社会活动家，具有多方面卓著成就的革命学者。早年创建世界语学会，与沈雁

① 第一次世界大战（1914 年 7 月—1918 年 11 月），是一场主要发生在欧洲但波及全世界的战争，当时世界上大多数国家都卷入了这场战争，是欧洲历史上破坏性最强的战争之一，是帝国主义列强争霸世界的标志。

② 指的是 1931 年日本发动的侵略中国东北的“九·一八”事变。

胡愈之

冰等成立文学研究会。1933年初参加中国民权保障同盟,同年加入中国共产党。1935年后参加上海文化界救亡运动,为救国会发起人之一。抗战胜利后,在海外宣传党的方针政策。新中国成立后,曾任《光明日报》总编辑。曾任新中国首任国家出版总署署长,全国人大副委员长和全国政协常委。

胡愈之出身于上虞县书香门第,诗礼传家之户,自幼聪颖好学,四五岁就能对句作诗。进入县立高小后,他怀着炽烈的热情,如饥似渴地学习知识。他不仅读过《大学》《中庸》《论语》《孟子》一类古书,看过《西游记》《水浒传》等古典小说,也学过算术、博物等自然科学常识。胡愈之在《我的中学时代》一文中追忆说:“在本县高等小学里我读了五年,差不多已修完了现在的初级中学的功课,……国文是已熟读了《古文辞类纂》里百余篇的选文,数学习过了大代数,历史看完了《御批通鉴辑览》,地理学完了屠寄的《寰瀛全志》。物理、化学、博物、生物都学过了一点”。

由于家庭和学校两方面的灌输,胡愈之从五岁到十五岁之间,已经博览了中国的许多古籍,也涉猎过许多笔记和野史。童年时代就具备了较好的文化素养,这为他日后攀登文化出版业的高峰奠定了基础。

胡愈之从小受父亲“独坐防心,群居防口”家训的教育,行动稳重。但思想活跃,善于独立思考。他家里订了《新民丛报》、《浙江潮》和谭嗣同的《仁学》等书报,这给他增添了思想上的养料,从中吸取爱祖国、爱家乡、维新改革、破旧立新的精神食粮,这些书报丰富了他的知识,开阔了他的眼界,开启了他的心扉。为了把报刊上的一些有趣的内容和有意义的新闻用口述或书面向别人宣传,十二三岁的胡愈之与其弟仲持、堂弟伯录、执友吴觉农一起“办报”,摘录上海报纸消息,冠以标题,用工整的小楷抄在练字大张毛边纸上,分送关心时局的同学和亲友传看。坚持了三四年,共出了四五十期。

1911年,胡愈之以第一名的成绩,越级考入绍兴府中学堂(我校前身)实科二年级。胡愈之入学时,鲁迅在校任学监兼博物教员。进府中后。深受鲁迅革命思想的熏陶,师生间有着真挚而深厚的情谊。鲁迅诲人不倦,循循善诱,胡愈之学而不厌,入耳不忘,知识和思想都有长足的进步。

鲁迅先生对青年学生思想上严格要求,学业上高标准,经常深入课堂与学生谈心，他每晚到自修室巡查。有两次胡愈之被他查到了在写着游戏文章，鲁迅先生看了不作一声，胡愈之深感内疚。愈之认真研读了康熙《会稽县志》、嘉庆《山阴县志》、道光《会稽县志》以及《绍兴府志》、《会稽先贤传》、《会稽后贤传》等书，使他知道了绍兴古城的不少名人名胜。谙熟了从越王勾践时代到清朝许多英雄豪杰、志士文人的动人史迹，从中深受教益。

胡愈之在绍兴府中学堂学习非常认真、刻苦，争分夺秒，抓紧学好各门功课。他记住鲁迅说过的话：时间像海绵里的水一样，只要你肯挤，总能挤出更多的时间学习的。早起点，晚睡点，饭前饭后挤一点，这样时间就充裕了。所以，他不仅能按时保质保量地完成各门课程的作业，考试成绩优异，还能腾出时间或利用课余空隙到古越藏书楼博览各种古籍，提高阅读能力，丰富文化知识。

母校的栽培永志不忘

胡鸿烈

◆ 2006 年 9 月 20 日，香港有线电视专程来到绍兴为胡鸿烈先生拍摄专题片，届时已八十七岁高龄的胡老才有机会再回到家乡，回到曾经成长、学习过的绍兴一中。念及母校艰辛的办学历程，有感于当年的读书经历，胡老由此写下本文，感念母校栽培。此文后刊登在 2009 年 6 月 23 日《光明日报》上。

在外地生活了很多年，对故乡的思念没有停止过，甚至可以说，与日俱增。

多年后，当踏上氤氲着芳香水汽的故土时，我的内心兴奋而快乐，就像是母亲的爱蓦然涌上心头，内中有难以名状的、复杂的感受。在这片日新月异的土地上，交织着所有我熟悉或陌生的事物。我竭尽耳目所及，捕捉着眼前的、耳边的一切，而在这所有的一切中，最牵动我的或许是那此起彼伏的乡音和一个个年轻的生命。

走入母校——绍兴一中，一种自豪感伴随着心切与爱怜油然而生。这是我的梦想起步的地方。时迁岁移，旧时的校址已经全然变貌，新的校园坐落在了同一条街的另一端。漫步在绿草茵茵的校园，呼吸的空气中似乎也浸透着先人兴贤育才的殷殷期盼。整齐的校舍中传来琅琅的读书声，这正是我所喜悦的。

当今，流行于中国教育界的恐怕是公办教育。殊不知，私人兴学在中国的教育史上发挥着举足轻重的作用。孔子，是中国历史上伟大的思想家、教育家，他对教育的实施和发展所作出的贡献，是历世历代有目共睹的。兴办私学虽不是从孔子发轫，却在孔子手中发扬传承。不以家世、门第而论，“有教无类”，凡“自行束修以上”者，即可入门求学。由贵族把持和垄断的教育圣殿轰然坍塌，百家争鸣、百花齐放的局面由是渐兴。而几千年来中华民族精神文化的精髓，尤其是“仁”的思想，亦作为孔子教学的主要内容在这里生根发芽，欣欣向荣。宋代，书院成为私学的灵魂。宋兴之初的白鹿洞、石鼓、应天府、岳麓四书院，培养了一代代经世济民之才，其势大、日久，时至今日，依然让人赞叹不已。而绍兴一中的建立，正可谓继承了这一朴实、爱民的传统。十九世纪末，我的故乡人徐树兰先生，视兴办学校为兴贤育才、正本清源之至计，积极筹措公款，又个人捐资千金，借古贡院之山会豫仓（大通学堂）创办了绍郡中西学堂，开创了绍兴近代教育的先声。这，就是我的母校的来历。这，与我内心的声音遥相呼应。

阅读思考

胡老谈到了绍兴一中的建立是对古代私学传统的继承。请联系文中相关内容，并查阅相关资料，谈谈古代私学的出现在中国教育史上的作用。

此后，在这片并不广袤的土地上，在这个略显局促的校园里，一位位名声响彻寰宇的仁人志士践行着他们爱国为民的理想。“学界泰斗”蔡元培，力挫守旧势力，改革教育，慧眼识才，大胆用人，冲破旧式书院万马齐喑的沉闷空气，为绍兴一中的发展开创了一个大胆革新、勇于追求的风貌。近代中国的民族脊梁——鲁迅先生，举斧凿，开越学，在他担任绍兴一中监学时，以充实师资队伍为途径中兴教育，驰书邀来许寿裳共同开拓这项育人事业。当这一页页的历史被翻开的时候，有一个声音在我的心中不断回荡，召引着我一生的作为。那就是作为一个渴望报效祖国的知识分子，可以且应该担负起的使命——树人。我想，我的血液里，也早已流淌了如他们那般的激情。

阅读思考

“那就是作为一个渴望报效祖国的知识分子，可以且应该担负起的使命——树人。”结合文中胡鸿烈的读书经历和文后人物链接，谈谈这句话对他的人生影响。

遥想当年在绍兴一中的读书经历，一股青春的活力洋溢于身，仿佛身处其时。那时，东北三省在“九一八”事变后落入敌手，国难当头，时局维艰。“读书不忘救国，救国不忘读书”的口号声和救亡声，响彻校园内外。当时绍兴一中的校长是我们尊敬的沈金相先生。先生深记国难，以绍兴人历来就有的卧薪尝胆的精神和才智励精图治，振兴教育，带领全校的老师全身心地投入教学，鼓励我们这些孩子努力学习，立志救国、报国。那份拳拳的爱国之心，日月可鉴。校园内充溢的爱国情，深深地感染并激励着我。在他的带领下，已经具有多年历史的绍兴一中进入了一个黄金时代，连续几届获得全省会考团体和个人总分第一，一时誉驰浙江。这些更激发了我的学习热情，树立了我的学习信心。读书救国的愿望也铭刻在了我的心里，鞭策着我每天的学习。终于，1935 年的那次会考，我没有辜负老师和母亲对我的谆谆教诲和殷切期望，在众多的考生中脱颖而出，名列榜首。

2006 年，随香港有线电视的采访团，我回到了阔别半个多世纪的母校。走进母校的校史陈列室，出乎意料地看到自己当年的照片竟然也展览其中。看着当年稚气未脱的小男孩形象，我喜不自胜。母校，没有忘记我。母校对我的栽培，我又怎能忘却呢？

喜闻绍兴一中多年来硕果累累，令我颇感欣慰和骄傲。绍兴一中已经走过了百年的历史，百年树人的理想和信念会在这里继续。衷心地祝愿我的母校能培养出更多优秀的、立志报国的、有用于社会的人才，为同一个教育理想而奋斗不息。

载于 2009 年 6 月 23 日《光明日报》

胡鸿烈博士，大紫荆勋贤，1920 年生于浙江绍兴。自幼聪慧过人，勤奋好学。九岁求读于绍兴县立第二小学，小小年纪，连跳三级，以同等学历考取省立绍兴中学（绍兴一中前身），且名列前茅。1935 年，绍中春季班毕业生齐赴杭州参加会考，胡鸿烈在三万名考生中独占鳌头，名列榜首，受到全校师生的热烈赞扬，被誉为“会稽奇人”。

胡鸿烈

胡鸿烈绍中毕业后，享受免试免费的优厚待遇，升入全国著名的省立杭州高级中学。随后他进入重庆政大学习。大学毕业后他参加高等文官考试，在外交官考试中位居榜首。抗战胜利后，27 岁的胡鸿烈出任驻苏联塔什干总领事馆的随习领事。1952 年，他辞去令人钦羡的外交官职赴欧洲深造。

法国学成之后，胡鸿烈当即返回亚洲来到香港，执掌大律师业务，拥有香港执业大律师资格，并在大学执教。任立法局议员、全国政协委员。胡鸿烈于 1971 年与妻子钟期荣女士创立香港树仁学院。为促使树仁学院成为香港官方认许的私立大学，夫妇俩与树仁师生共同努力了 35 年后，树仁学院于 2006 年 12 月获香港政府认可成为香港树仁大学。这是香港第一家私立大学，胡鸿烈任香港树仁大学的校监及创办人。其妻子钟期荣女士任树仁大学校长。胡鸿烈与夫人钟期荣成为央视 2007 年度“感动中国”人物。“感动中国”组委会授予钟期荣、胡鸿烈的颁奖词这样写道：狮子山下的愚公，香江边上的夫子；贤者伉俪，本可锦衣玉食，却偏偏散尽家产，一生奔波；为了学生，甘为骆驼；与人有益，牛马也做；我们相信教育能改变社会，而他们为教育做出楷模。

他是享有国际声誉的法学家，1991 年，获英国威尔斯理工学院荣誉院士称号。他是一位令人尊敬的著名教育家和出色的社会活动家。他多次应邀到内地讲学，与北京大学、人民大学签订了学校交流和合作协议书，互派教授讲学和培养学生。曾多次接待内地去香港的高教界领导和代表团。

胡鸿烈著作颇丰，主要著作有《高丽问题》《战后欧洲新制度》《香港婚姻和继承法》《苏伊士运河的危机》《人权与国籍》等。

古代越文化传播分布地域实勘研究初步设想

车越乔　陈桥驿

内容导读

◆“古代越文化传播分布地域实勘研究”是由浙江省地方志编纂委员会办公室和绍兴越文化研究所共同发起的研究课题，参与研究的专家学者来自浙江、福建、广东、广西等省区。浙江大学终身教授、著名历史地理学家陈桥驿先生是该课题的设计者。绍兴越文化研究所名誉所长、知名越文化研究者车越乔是该研究课题的总策划人。他说：“这项研究的一个最大的特点是通过运用各学科取得的最新成果，来综合研究越文化，此次确定实勘地区也是建立在这一点上。”

◆本文论述了古代越文化研究的价值、方法等，梳理了越文化研究现状与成果，并对深入研究越文化提出了新的角度和设想。

概　　述

民族文化是民族史的重要内涵，古代越文化的研究，即是越史研究的重要组成部分。古代越族由于秦统一以后流散，分布范围甚广，前贤多有研究，成果堪嘉，但迄未获得一个完整的体系，所以值得继续研究。

对于古代民族文化的研究，历来多采用两种方法，一是根据文献资料的整理分析，二是根据考古发掘所得的实物判断研究。最近半个世纪来，由于科学的测年手段的发展，利用考古发掘的研究有了很大的进步。

我国境内的古代民族，因为各种原因，居住地并不稳

阅读思考

若要对古代越民族的文化发展、迁徙等方面进行研究，有哪些途径和方法？这些方法分别属于科学研究方法中的哪一类？

定。例如在西北，历史上曾经存在的若干民族（部落），后来因某种原因迁徙流散，其中有的就像中美洲玛雅人一样地消亡，他们当年留下的不少地名，如昆仑、敦煌、统万城等，至今无法解释，这些民族的迁徙流散消亡的过程，有许多尚未清楚，有待继续研究。我国东部和南部，也有不少古代民族（部落）因故辗转迁徙流散，也有在流散过程中消亡的。其中非常著名的是越族。由于越族在古代民族中是个大族，有关的文献资料较多，其迁徙流散的过程，前辈学者多有研究，成果卓著。最近半个世纪来，由于地史学（特别是第四纪研究）、古地理学、考古学的发展，对于这个古代民族及其文化的发展、迁徙、流散过程，已经进一步清楚，为继续深入研究提供了有利条件。

历来的越文化研究概况

越族是中国古代分布在东南地区的一支大族（部落），以《史记》为代表的古籍译作“越”，以《汉书》为代表的古籍译作“粤”①。在《孟子》中统称为“南蛮鴃（jué）舌②”。由于辗转迁徙流散，名称甚多，除了其主要部分称为“於越”外，尚有“东越”“瓯越”“闽越”“南越”“雒（luò）越”“骆越”“山越”等，部落纷歧，名称繁多，后来就出现了“百越”（百粤）的概括称谓。

现存最早的研究越的古籍是《越绝书》，此书原是先秦著作，到东汉初经汉人整理而留下今日流行之本（亦已残缺）。虽然在整理过程中删佚了很多古越资料，而添入了不少汉人资料，但可供后世研究古越文化的内容仍值得珍视。例如通过今本《越绝书》，我们知道越有“内越”及“外越”（又称“东海外越”）之分。此外是《吴越春秋》，

阅读思考

文中哪些史料或研究为“越为禹后的谬说”提供了例证？请具体阐述。

① 对比《史记》和《汉书》对百越的记载就会发现，《史记》全写作“越”，而《汉书》则都写作“粤”。其实，在古书中“粤”与“越”相通，越人就是粤人。“百越”就是“百粤”。所以，在这次的越文化实地勘察中，学者们的一个重要的发现是：在福建武夷山下有一个古村落的门楼上赫然有“古粤”两个大字，这是一个古越人的聚落遗存。参加实勘研究的广东省博物馆研究员杨式挺先生说：“广东的简称是粤，但是，广东也有‘越’的地名，著名的越秀山就是其中之一。”

② 鴃（jué）舌：比喻语言难懂，出自《孟子·滕文公上》。

为东汉初人所撰，资料多来自《越绝书》，由于当时的《越绝书》比今本完整，而流行于今绍兴一带的古越传说尚多，所以此书也保存了不少古越资料。至于《史记》《汉书》《国语》《吕氏春秋》等北方作者有关越族的记述，神话传说与道路传闻居多，只是一般的参考价值。

东汉王充所撰《论衡》，也据当地流传的越族传说记及了若干古越旧事。他同时否定了《史记》等书记载的越与禹之间的关系以及越为禹后等谬说，指出“吴为裸国”，与北方汉族是不同民族。王充是古代学者中首先摆脱儒家的民族“大一统”思想的学者（如《史记·越世家》中说：“越王勾践，其先禹之苗裔，夏后帝少康之庶子也”。《匈奴传》中说：“匈奴，其先祖夏后氏之苗裔也。”这是“大一统”思想的反映）。

以后研究越族溯源及文化的学者代有其人。从上世纪 20 年代到 30 年代，如顾颉刚、钱玄同、蒙文通、卫聚贤、罗香林等学者，也包括若干海外汉学家，提出了不少研究成果，很大程度上刷新了越史和越文化的研究，其中最重要的可以归纳为三项：

1. 关于越和禹的关系。越是一支东南地区的古代民族（部落）。禹是一位神话人物，这个神话出于南方，所以禹是南方神话中的人物，这个神话的中心点在越（会稽）。中原汉族把禹作为一位排山倒海的治水英雄，并且是中国第一个王朝夏的开创者，这其实是对南方神话人物的移植。

2. 越族迁徙流散，地域范围甚广。流散在大陆上的，古人已有论述，如《越绝书》和《林邑记》（此书已亡佚）的“内越”“外越”。又如元胡三省在《后汉书·灵帝纪》的《通鉴注》中指出：“山越本亦越人，依阻山险，不纳王租，故曰山越。”明焦竑的研究具有地理上的概括价值，他在《焦氏笔乘续集》卷三说：“此即所谓东越、南越、闽越也。东越一名东瓯，今温州；南越，始皇所灭，今广州；闽越，今福州。皆勾践之裔。”

3. 除了大陆各地，也有部分越族迁徙到大陆以外。

蒙文通曾把台湾与澎湖的居民与"外越"相联系，美籍学者徐松认为南洋棕色民族属于中国古代越人血统。日本京都大学人文科学研究所前所长福永光司指出古代越人流徙日本，特别要注意岛根、能登两个半岛，这是当年最有可能的越人登陆地点（日本称"越"的地名在这一带很多）。日本的国分直一和木下尚子曾撰《日本西南诸岛出土的史前时期贝符》一文，探索古代越人向日本诸岛迁徙的途径。美国的杨松撰有《马来——玻里尼亚与中国南方文化传统的关系》一文，认为古代越人的迁徙，曾经远达太平洋。

越文化研究的进步

在上述有关越文化的研究中，由于相关科学的发展，因而获得许多进步。半个世纪以前，如顾颉刚、蒙文通等学者的研究，虽然取得很大成绩，但当时由于地史学（特别是第四纪研究）、古地理学等的相对落后，所以虽然提出的设想具有重要价值，并且为以后的研究成果所证实，但当时在推理和数据（特别是计量数据）方面，还存在明显的缺陷。例如，顾颉刚在《古史辨》论断禹是南方民族神话中的人物，这个神话的中心点在越（会稽）。但对于这个神话涉及的洪水来源，顾氏只能从附近的钱塘江进行考虑，而无法从现在已经证实的第四纪晚更新世到全新世的海进、海退作出解释。

最近的三、四十年中，由于地史学（特别是第四纪研究）、古地理学、考古学（结合科学的测年手段）等的发展，包括沉积物分析、孢粉分析，特别是近海贝壳堤的探索和科学测年，才判明古代越族中流传的禹的神话，如同《旧约·创世纪》和希腊神话一样，是第四纪海进、海退的产物。从贝壳堤的研究证明，在晚更新世的海退全盛时期，中国东部沿海，海面下降，海岸及于大陆架。现在从这一带取出的贝壳堤（在今海面下 155 米），C^{14} 测年为 14 780±700 年，说明在距今 1.5 万年左右，越族活动的陆地广阔。但从全新世之初，卷转虫海进开始掀起，至距今 7 000 年而

阅读思考

古书在记载百越历史时还提到"内越"和"外越"的概念。经考证后，目前专家比较一致的意见是：内越就是居住在东南沿海地区的越人；外越则是居住在台湾等岛屿上的越人。由此可见，台湾高山族人与祖国大陆同宗同族，血肉相连。那么，面对宽阔的台湾海峡，古代的越人是如何登上台湾岛而成为"外越"的呢？请根据越族迁徙流散的过程，大胆猜想，小心求证，展开一次"微研究"。

达到鼎盛，今浙江省境的主要平原都沦入海域，越族被迫进入山区，这就是禹的神话产生的基础。

根据近年发表的新研究成果，越族从地质时期到历史时期，迁徙流散的过程大概有下列三次：

1. 从晚更新世假轮虫海退到全新世卷转虫海进前期，由于今台湾、澎湖、舟山与其他岛屿与大陆分离，今东海大陆架以西的广大陆域也相继沦为海域，就出现了这个地区越族的第一次迁徙，迁徙的路径大概是下海（太平洋群岛、南洋群岛、日本等）和上陆（宁绍平原和东南沿海其他平原）。此外当然也有部分越族就地上山（今台湾和舟山等地都有大片较高地域在海进时仍然出露）。

2. 卷转虫海进后期，由于宁绍平原及其他滨海平原逐渐缩小以至淹没，于是这些已经在平原上发展了农耕渔猎的越族，出现了第二次迁徙，迁徙的路径仍然是下海和上陆，下海者漂流到沿海岛屿和日本等地，与第一次迁徙相同。上陆者是进入海水不及的山地丘陵，一部分越过今钱塘江进入今苏南、浙西的山区，即以后的句吴，另一部分进入会稽、四明山区，即以后的于越。此外仍有一部分在原地等上海水不及的高山，如今慈溪的翠屏山丘陵，钱塘江以北的大遮山丘陵等，后者是良渚文化的发源地。前面提到的《越绝书》是这次迁徙中进入浙东山地丘陵的于越族的历史，所以自称“内越”，在其他不同地区的越族均作“外越”，或“东海外越”，“东海外越”显然是指的在海外岛屿上的越族。

3. 公元前三世纪末期，在秦始皇敉平江南的战争中，以大越城（今绍兴）为中心的越族大部分向西南流散，即焦竑所说的东越、南越、闽越等；一部分逃入今苏南、浙西、皖南等的深山中，即《后汉书·灵帝纪》所说的“山越”。另一部分被秦始皇强制迁移到今浙西和皖南等，见《越绝书》卷八所记。这是越族的第三次迁徙。

越文化研究的新思考

越族是古代中国东南地区的大族，情况与西北地区的若干大族(如匈奴、突厥)相似,在春秋战国时期,屡见史书记载,权威史书如《史记》《汉书》都设有专篇,虽然记载并不完全属实,但说明这个民族的历史地位。按古代史书记载,于越在春秋后期就形成国家,在战国初成为一个强国,从越王勾践到越王无彊,世系确然可考。越王无彊(jiāng)为楚所败以后,以大越城为中心的越族基地仍然是这个民族的中心。直到秦一统后流散,其流散迁徙的过程和路线,也大致可以查考。历代以来,特别是上世纪 20、30 年代以后,对古代越文化的研究,国内外学者都获得了不少成果,成为学术界在民族文化研究中的一个颇为热门的课题。

前面提及,过去学术界多从历史文献与考古发掘研究越文化,从而获得了不少研究成果。但其中也有一些尚待深究的问题,例如,以往的研究,常常停留于一个地区,偏重于单一地区的静态研究。有的地区研究成果很多,内容也丰富多彩,例如从春秋到秦一统以前的绍兴地区(大越城),近年来涌现出不少优秀的研究成果。但明显的不足是缺乏越族迁徙所经的其他地区的比较研究,或者说越文化传播的动态研究。所以我们认为有必要进行一次按越族迁徙途径为线路的实勘研究,这样的研究,或许可以发现过去研究中不曾发现的问题,获得意外的研究成果。

阅读思考

请概括本课题提出的研究新思路,并对该思路的必要性和可行性作一简要说明。

前面提出了古代越族的几次迁徙流散,其中秦一统以前的迁徙流散,为时在地质时期及远古,流散途径涉及海洋,实勘研究存在困难。但秦一统以后的迁徙流散,按焦竑《笔乘》及其他前人的研究成果,路线和落脚点基本上已经考定,可以作为当今越文化传播分布实勘研究的基础。所以我们考虑在焦氏《笔乘》的基础上,结合近代学者的其他研究成果,组织力量,进行一次古代越文化传播分布的实勘研究,为历来的越文化研究开辟一条新的途径。

实勘的初步设想

1. 古代越文化传播分布地域实勘研究由车越乔担任

总策划，陈桥驿担任总顾问。

2. 参加第一阶段实勘研究的人员从越文化研究所、绍兴文理学院、浙江大学等单位遴选组织，并邀请广东、广西、福建等地资深学者及有兴趣研究此课题者参加，人数约10人，实勘内部的组织分工另行商定。

3. 实勘研究分前期准备与野外实勘两个阶段。从2003年3月起为室内准备阶段，野外实勘因需要利用暑假假期，暂定于2003年7月中开始，为时一个月左右。

4. 前期准备以个人研读文献资料为主，暂定于5月举行为期2、3天的讨论会，讨论研读文献心得问题等事宜。讨论会期间，组织参观绍兴博物馆、河姆渡文化博物馆、良渚文化博物馆及诸暨博物馆，为实勘过程作一点考古知识准备。

5. 实勘路线暂定：温州——福州——厦门——广州——海南——广西。

6. 实勘内容按各成员的特长分工，但特别要重视古代越文化传播流散地区的民俗、信仰(神道信奉)、语言与其他有关考古资料等，具体内容在实勘开始前讨论。

7. 实勘成果：实勘成员每人撰写论文或实勘心得、论文范围、题目、篇目不限，最后经过审稿，出版论文集。

8. 实勘成员必须研读的文献资料，根据各人平时的研究选择，但其中如《越绝书》《吴越春秋》《史记·越王勾践世家》《国语·越语》以及《论衡》《汉书》中的有关资料，必须精读，因为这些都是涉及古代越文化的基础资料。

人物链接

车越乔先生，1932年生，浙江绍兴县人。1949年，他以优异的成绩考入绍兴中学(现绍兴一中)，后因家庭贫困辍学。1950年到香港，进入一家同乡开的大公书局学生意(当练习生)。1955年元月，车越乔决定自己创业，创办了“香港科学仪器社”。他每天工作12个小时以上，走访了遍布全港的中小学校和重要的工业客户，以可靠的质量，优良的服务，逐渐打开了局面。1991年，在原来的基础上，成立了“香港科学仪器有限公司”。改革开放后，车越乔还顺势拓展国内市场，目前在绍兴、广州、上海、杭州都设有分公司。

在公司日益发展的同时，车越乔时时挂念祖国、家乡的发展。怀着一份故乡情，从上世纪八十年代开始，车老就支持家乡兴办教育、文化、卫生和公益福利事业，发起筹建绍兴华侨饭店，与其他旅港政协委员联名提案建造绍兴博物馆和绍兴大学，在绍兴文理学院建恂如美术馆。他还无偿地把多年来收藏的吴昌硕、齐白石、黄宾虹、陆俨少等一百三十位名家的作品捐献给了学校。

车越乔

这些年来，车越乔多次捐款给浙江省以及绍兴的小学、中学、文理学院、图书馆、博物馆、医院、慈善总会……累计捐款已达 1 400 万元人民币。2001 年，绍兴市授予车越乔“绍兴市荣誉市民”称号；2002 年浙江省政府授予他“浙江省爱乡楷模”称号。

此外，他对于越文化的研究也是不遗余力。2001 年，他与著名学者陈桥驿共同编纂了《绍兴历史地理》一书。2006 年 4 月，他主编出版了《越文化实勘研究论文集》第一辑，收入论文 22 篇，在海内外越文化专家中产生了热烈反响。2005 年至 2007 年，车越乔连续三年带领有关专家，分赴云南、贵州、江西等地对百越先民遗址及文化遗存作了实地考察，其研究成果《越文化实勘研究论文集》第二辑已于 2008 年 9 月出版发行。

在复旦大学 2013 届毕业典礼上的演讲

劳春燕

◆ 2013 年 6 月 28 日，中国中央电视台主持人劳春燕在复旦大学 2013 届毕业典礼上作为复旦大学 90 级新闻学院校友代表发言。讲述母校对于自己的生命滋养与人生意义，并与学弟学妹分享自己在逐梦路上的体悟，激励同学们走出一条属于自己的人生之路。

尊敬的杨玉良校长，尊敬的各位师长，2013 届毕业的同学们：大家好！

今天我站在这里十分的激动，不仅因为今天人很多，不仅因为今天大家都穿得很特别，不仅因为我看到了新闻学院，还有经济学院，你们都是我的系友（掌声，欢呼），不仅因为听到了《光阴的故事》，还有一个小小的原因，这也是我第一次参加毕业典礼。我 1994 年是作为优秀毕业生提前一年毕业参加工作，当时学校里这种情况的学生并不是很多，所以学校就没有举行毕业典礼来欢送我们，这成了我心头一直以来的一个遗憾。所以，今天是你们的毕业典礼，也是我的毕业典礼，感谢母校给我这个机会，谢谢！（掌声）

很多事情都要在很多年以后，你才能够真正地了解它在你生命中的意义，就像那些在复旦的岁月。我在复旦待的时间其实并不是很长，算下来只有两年半时间，一年在军训，半年在实习，但是这两年半里每一天都是闪亮

阅读思考

结合文本，谈谈你对文中的画线句的理解。对劳春燕而言，“生命中的意义”具体指什么？

的日子，每一天，现在回想起来，都塑造了我今后的人生道路。在这两年半的时间里，读了很多书，上了很多课，也做了很多和读书上课没什么关系的事情，比如说，我在相辉堂演过话剧，给《复旦人》写过稿子，在复旦广播台播音，后来又在复旦有线电视台播新闻，所以说我的职业生涯不是从上海电视台开始的，而是从复旦有线电视台，是从播“复旦新闻”开始的。（热烈掌声）我还清楚记得，那个时候，我每个月可以拿到12块钱的月薪，12块钱说多不多，买不起半管口红，但是说少也不少，因为那个时候大排只要4毛钱一块，所以12块钱足够我每天吃一块大排。所以从那个时候起，我就明白一个道理，做媒体，要想发财，那是不可能的，但是要想吃大排，那还是吃得上的。（笑声，掌声）当然更重要的是，这段经历让我明白了我自己究竟最喜欢干什么，最适合干什么，所以很自然在毕业分配的时候，我选择了上海电视台。现在回想起来，我十分感谢我的母校，她不仅仅给我了扎实的专业知识，给了我深厚的人文素养，给了我复旦的精神，更给了我机会去尝试去了解去发现自己的所爱所长，并进而选择了正确的职业方向，所以我今天要借此机会，由衷地对我的母校说一声谢谢。（掌声）

今天是毕业的日子，今天过后你们将背起行囊去追逐自己的梦想，我听说前两天你们还有一个很盛大的毕业晚会，主题是“梦逐前行路，世界正年轻”，很豪气、很霸气，像我们复旦人说的。但是，逐梦从来都不会轻松，在这里，我也想和大家分享几点我的体会。

梦想是什么？梦想是要扛的。我在央视新闻评论部工作，那里有很多的名嘴，名记者名主持人，但是你们知道吗？他们当中很多人当年都曾经是没有身份的黑工，有很多人都住过半地下室的宿舍，甚至连小保姆都嘲笑他们，说我有暂住证，你们有吗？他们扛下来了。再说我自己。没去北京之前，就听说北京的沙尘暴很可怕，但是去了以后才发现，北京还有一样东西比沙尘暴更可怕，那就是蟑螂，北京人叫小强。有一天，我回到家，打开门一看，满屋子都是小强，我最怕虫子，可这个时候你没有退路，只有硬着头皮，打呀。一边打一边对自己说，我连小强都不怕，还有什么好怕的呢。当然我现在发现北京还有一样东西比小强更可怕，那就是雾霾。（笑）所以说梦想是需要扛的，你得扛得住所有的艰难，你得扛得住别人的冷眼，扛得住委屈，扛得住孤独。

梦想是要舍的。2006 年我离开上海去北京的时候，已经是上海文广传媒集团的首席记者，东方卫视旗舰新闻栏目《东方夜新闻》制片人和主持人，该拿的荣誉都拿了。在别人的眼中，按照世俗的眼光来看，我混得相当不错了。很多人都劝我说，干嘛去北京遭那份罪，留在上海，有名有利，过安安稳稳的日子不好吗？但是我却相信一句话，舍得舍得，有舍才有得，你要舍得现在的安逸，舍得过往的荣耀，你才能轻装上阵，才能发现更大的世界，发现更好的自己。

梦想是要有信的。我曾经采访过诺贝尔奖的获得者丁肇中先生。丁肇中先生 40 岁就得了诺贝尔奖，很牛。但是你知道吗？当年他四处寻找实验室，从美国找到欧洲，却四处碰壁。因为没有人相信他真能找到新的粒子。最后美国长岛的布鲁海文实验室给了他机会，他成功了。我采访他，问他，没有一个人看好这项实验，甚至包括你最尊敬的前辈，你为什么还要坚持？他淡淡地回答：那是他们的看法，不是我的看法。你做先进的科学，你一定要对自己有信心，而且你一定要相信，这是你一生中最重要的事情，其他都是次要的。相信是一种巨大的力量，它能够让你的内心变得无比强大，有了它，你才能面对所有的困难、怀疑和诱惑，你才能扛得住，舍得下。

有的时候，梦想还需要犯点傻。因为有时候，你没有一点傻气，没有一点傻劲，你真就迈不过去那个坎儿，你真就迈不出去那关键一步。因为人生本来就不是一道精算题，不要害怕犯错，更不要害怕冒险，也不要试图去当别人眼中的聪明人，因此而失去自己。所以苹果创始人

乔布斯说:“Stay hungry. Stay foolish”,我把它翻译为“学会犯傻,别吃太饱”。(笑声,掌声)

所以说追逐梦想的过程,就好比是唐僧和他的徒弟们去西天取经,你必须要经历那九九八十一劫难,你必须要扛得住,舍得下,有信念,敢犯傻,最后,你才能够取到真经,才能收获梦想。

也许有一天,你会抱怨机会太少,或者运气不好。但是听我说,人生从来不是一个机会的问题,它是一个选择的问题。你选择做什么样的人,你就会成为什么样的人,而最终你的选择将决定你的人生形态。你是选择西天取经历经磨难,还是选择留在长安城里平淡而平庸地度过一生?你是选择担当起国家民族进步的大义大任,还是选择蜗居在一己之私的小我里?你的选择将取决于你自己。也只有你自己,才能对你的选择负责,不管是快乐还是遗憾,只有你自己才能对自己负责。我想,作为复旦人,面对选择,我们的决定将是不言而喻的。

阅读思考

劳春燕用亲身经历告诉学弟学妹们梦想的彼岸可以如何抵达。结合你的生活经历,谈谈还有什么可以为梦想加持。

今天是毕业的日子,也是一个闪亮的日子,在这里,我想再次和大家重温我们的校训并以此共勉:博学而笃志,切问而近思。这句话多年来一直在我心底激励着我,我相信,它也将激励未来的你。

最后,我衷心祝愿即将毕业的同学们,都能在人生路上走得踏实、坚定、勇敢!祝愿你们都有一个快乐并且丰满的人生!祝愿我的师长们身体健康,生活幸福,工作顺利!还要祝愿我的母校蒸蒸日上,英才辈出!谢谢大家。

人物名片

劳春燕,1972 年 11 月 30 日出生于浙江绍兴市,小学就读于越城区北海小学,初中、高中就读于绍兴一中。1990 年,以绍兴市文科状元,浙江省文科第四名的优异成绩考入复旦大学新闻系。在校期间劳春燕表现优秀,进入复旦大学广播电台和复旦有线电视台。1995 年主持上海卫视《新闻透视》栏目,2003 年 1 月获得复旦大学经济学硕士学位。2006 年离开东方卫视,进入中央电视台,担任央视政治与

劳春燕

法频道《中国法治报道》和《大家看法》的主持人，2009 年主持央视中文国际频道《今日关注》。2012 年 6 月派往墨西哥、俄罗斯报道 G20 峰会，2013 年主持央视新闻频道《焦点访谈》，同年获得中国播音与主持人“金话筒”奖。

书籍作品：

《人在上海》系列丛书　主编

《我独立我美丽我富有》　编著

《上海，你的机会》　编著

《坚持的胜利——东方封面年度人物追访》　编著

《生命的礼物》　编著

第六单元

春风不改旧时波

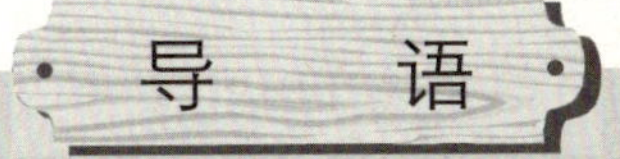

导 语

参天之树，必有其根；怀山之水，必有其源。中学时代，是一生难忘的情结。那些(在我们印象中只存在遥远的教科书中的)先贤们，其实和我们一样，也曾是少年，在母校也有一段难以忘怀的记忆。

这一单元的文章内容几乎都是回忆录，在这些穿越时光的文字中，我们将看到他们接触了新世界时的不可思议与惊喜："现在我那充满了神仙狐鬼的脑子，却开始与思想上的舶来品接触了。……我在中西学堂里首先学到一件不可思议的事是地圆学说。我一向认为地球是平的。……了解燃烧的原理以后，我更放弃了火神的观念。"(《蒋梦麟自传》)看到走出了小天地，理论与实践融会贯通的感悟："我至今还认为那次旅行对我一生学习科学，是一个启蒙学习，童年得此真理来自实践，百闻不如一见，百见不如一试的实地参观教育，一生可以运用，得益匪浅！"(吴耕民《鲁迅先生率领府中学生参观南洋劝业会记略》)看到对各具个性的老师的深刻怀念："伦理教师最奇特，他姓朱，是绍兴有名的理学家，有长长的须髯，走路踱方步，写字仿朱子。"(夏丏尊《我的中学时代》)……正如蒋梦麟先生认为的，教育为全生之科学，目的在享受人生之完满幸满，或达到人类生活之丰富。无论是叫绍兴府中学堂，还是绍兴中学，变的是学校名称，而不变的是丰富的授课内容，是文理兼备、中西兼容的办学理念。

同时，我们还将看到他们处于风云变幻历史转折期时蓬勃的朝气和激昂的热情，报效祖国，筑梦青春：陈桥驿因战乱而逃难一年，然而他刻苦自学，最终以第一名的成绩考入绍兴中学；经历了“剪辫发”与“闹风潮”两事的胡愈之先生，始终“怀想着这热烈奔放的少年期”。正因为此，他们才能以理想为经，以行动为纬，让青春燃烧出更耀眼的光。

阅读本单元重在体验和感受。今天，你身处他们的年龄、他们的土地，不同的时代有不同的要求，但正如一中校歌所唱“承前启后，努力精进，沐浴科学之颖光”，相信正当年华的你也会创造属于这代人的骄傲与辉煌。

自传（节选）

蒋梦麟

内容导读

作为著名的教育家，蒋梦麟先生在本文中以通俗的文笔向我们展示了自己在中西学堂接受教育的经历以及印象最深的几件事。有惊奇才会产生好奇，才会去钻研，可见教育对人的影响之大。

“看似平常最奇崛，成如容易却艰辛。”或许有人认为，教育只是一门职业而已，但对蒋梦麟这样的教育大家来说，却是伟大的事业，谁也不能否认他在近代教育史上创下了后人难以企及的高峰。这不禁让人想起蒋梦麟先生自谦，蔡元培、胡适他们是“北大功人”，而自己却只是“北大功狗”，意思是自己没有大的胸怀和很远的眼光，只是作为辅助而已。但是在我们后人看来，他在实践当中完成了一件又一件事，为教育事业立下了汗马功劳。这样的功劳和精神不管时局如何变化，都应该被后人记住。

我的童年教育虽然枯燥乏味，却也在我的思想里模模糊糊地留下学问重于一切的印象。政府官吏都是经过科举选拔的。但是只有有学问的人才有希望金榜题名。官吏受人敬重，是因为学问本身在中国普遍受人敬重的关系。

因此我最后决定努力向学。准备参加科举考试，父亲自然欣然同意，家塾的教育是不够的，因此父亲把我送到离村约四十里的绍兴府去进中西学堂，我的两位哥哥则已先我一年入学。我们是乘条又小又窄的河船去的。小船的一边是一柄长桨，是利用脚力来划的，另一边则是一柄用手操纵的短桨,作用等于船舵。沿岸我们看到许多纪念烈女节妇的牌坊。沿岸相隔相当的距离就有一个比较热闹的市镇。我们一大早动身,中途在一个大镇过了一夜,第二天下午就到了府城。

顾名思义,中西学堂教的不但是我国旧学,而且有西洋学科。这在中国教育史上还是一种新尝试。虽然先生解释得很粗浅,我总算开始接触西方知识了。在这以前,我对西洋的认识只是限于进口的洋货。现在我那充满了神仙狐鬼的脑子,却开始与思想上的舶来品接触了。

我在中西学堂里首先学到一件不可思议的事是地圆学说。我一向认为地球是平的。后来先生又告诉我,闪电是阴电和阳电撞击的结果,并不是电神的镜子里所发出来的闪光;雷的成因也相同,并不是雷神击鼓所生。这简直使我目瞪口呆。从基本物理学我又学到雨是怎样形成的。巨龙在云端张口喷水成雨的观念只好放弃了。了解燃烧的原理以后,我更放弃了火神的观念。过去为我们所崇拜的神佛,像是烈日照射下的雪人,一个接着一个融化。这是我了解一点科学的开端,也是我思想中怪力乱神信仰的结束。我在乡村里曾经养成研究自然的习惯,我喜欢观察,喜欢说理,虽然有时自己根本就不知道其中的深意。这种习惯在中西学堂里得到继续发展的机会。我还是像过去一样强于理解而不善记忆,凡是合理的新观念我都乐于接受,对记忆中的旧观念则弃如敝屣。

中西学堂的课程大部分还是属于文科方面的:国文、经书和历史。记忆的工作相当多,记忆既非我之所长,我的考试成绩也就经常在中等以下。我在学校中显得庸庸碌碌,较之当时头角峥嵘的若干学生,显有逊色。教师们对我的评价如此,我自己也作如是观。

校中外语分为英文、日文、法文三组。我先选修英文,后来又加选日文。我的日文教师是中川先生,我从他那里学到了正确的日文发音。

1898 年,我在学校里听到一个消息,说是光绪皇帝听了康有为和梁启超的话,已经决定废科举,办学校。这使老一辈的学人大惊失色。但是康、梁的维新运动如昙花一现，不久慈禧太后再度垂帘听政，康有为和梁启超亡命日本。中国又回到老路子，我放假回到乡村时，看到大街的墙上张贴着黄纸缮写的圣旨，一面是汉文，一面是满文，写的是通缉康、梁的命令。看起来，维新运动就此寿终正寝了。这个维新运动，以后叫做戊戌政变。是近代中国史上的一个转折点。虽不为革命党人所乐道，而历史的事实却不能因政见不同而抹杀的。

蒋梦麟 中国近现代著名的教育家，北京大学历史上任职时间最长的校长，1898 年进绍郡中西学堂学习。

我的中学生时代（节选）

夏丏尊

内容导读

在成为大家熟悉的波光粼粼的白马湖畔的散文名流之前，夏丏尊先生和我们一样，是一名普通的中学生。为奖学金而努力，因为优异的成绩而受师友的青睐，以各有特色的老师为趣，憧憬着自己的激情梦想……

作为著名语言学家，夏丏尊先生提倡过一种读书方法：把精读的文章或书籍作为出发点，然后向四面八方发展开来，由精读一篇文章带读许多书，有效地扩大自己的知识面。夏丏尊先生举阅读陶渊明的《桃花源记》为例：这篇文章是晋朝人写的，如果想知道这篇文章的地位和晋朝文学的情况，就可以去翻翻中国文学史；这篇文章体现了一种乌托邦思想，而英国的莫尔写过一本叫《乌托邦》的书，又可以对照起来读；这篇文章属于记叙文一类，如果想明白记叙文的格式，就可以去翻看有关记叙文写法的书；另外，如果想知道作者陶渊明的为人，还可以去翻《晋书·陶潜传》。如此这般，可以由读一本书引出一大串来。

十八岁那年，因了一位朋友的劝告，同到绍兴府学堂(即现在浙江第五中学的前身)入学。在那一二年中内地学堂已成立了不少。当时办学概依奏定学堂章程，学制很划一。县有县学堂，性质为现在的高小程度，府学堂则相当于现在的中学，省学堂相当于大学豫科，京师大学堂即现在的所谓大学了。学堂的成立，并无一定顺序，我们绍属，是先有中学，后有小学的。府学堂学费不收，宿费更不须出，饭费只每月二元光景，并且学校由书院改设，书院制尚未全除，月考成绩若优，还有一元乃至几毛钱的

“膏火”（膏火是书院时代的奖金名称，意思是灯油费）可得。读书不但可以不花钱，而且弄得好还有零用可获得的。

府学堂的科目记得为伦理、经学、国文、英文、史学、舆地、算术、格致（即现在的理化博物）、体操、测绘（用器画与地图），功课亦依程度编级，一如中西书院的办法。我因英文已有半年在家自修（每日三点钟）的成绩，居然大出风头，被排在程度顶高的一级里，算学与国文的班次也不低。同学之中年龄老大的很多，班级皆低于我，我于是颇受师友的青眼（现在用“睐”）。

国文是一位王先生教的，选读《皇朝经世文编》，作文题是《范文正公为秀才时便以天下为己任》、《士先生器识而后文艺》之类。经学是徐先生（即刺恩铭的徐烈士）担任的，他叫我们读《公羊传》，上课时大发其微言大义。测绘也由这位徐先生担任。体操教师是一位日本人。他不会讲中国话，口令是用日本语的，故于最初就由他教我们几句体操用的日本语，如“立正”、“向前”之类。伦理教师最奇特，他姓朱，是绍兴有名的理学家，有长长的须髯，走路踱方步，写字仿朱子。他教我们学“洒（现在用‘洒’）扫应对”、“居敬存诚”，还教我们舞佾，拿了鸡尾似的劳什子作种种把戏。据他的主张，上课时书应端执在右手，不应挟在腋下，上班退班，都须依长幼之序“鱼贯而行”，不应作鸟兽散，见先生须作揖，表示敬意。我们虽不以为然，但却不去加以攻击，只以老古董相待罢了。

当时青年界激昂慷慨，充满着蓬勃的朝气，似乎都对于中国怀着相当的期待，不象（现在用“像”）现在的消沉幻灭。庚子事件经过不久，又当日俄战争，风云恶劣，大家都把一切罪恶归诸满人，以为只要满人推倒，国事是有希望了。《新民丛报》、《浙江潮》等杂志大受青年界的欢迎，报纸上的社论也大被注意阅读。那时恋爱尚未成为青年间的问题，出路的关心也不如现在的急切（因为读书人本来不大讲究出路），三四朋友聚谈，动辄就把话题移到革命上去，而所谓革命者，内容就只是排满，并没有现在的复杂。见了留学生从日本回来，没有辫子，恨不得也去留学，可以把辫子剪去（当时普通人是不许剪辫子的）。见了花翎颜色顶子的官吏，就暗中憎恶，以为这是奴隶的装束。卢梭、罗兰夫人、马志尼等都因了《新民丛报》的介绍，在我们心胸里成了令人神往的理想人物。罗兰夫人的"自由，自由！天下几多罪恶假汝之名以行！"已成了摇笔即来的文章套语了。

我在这样的空气中过了半年中学生活，第二学期又辍学了。这次辍学，并非由于拿不出学费，乃是为了要代替父亲坐馆。原来，父亲在一年来已在家授徒了，一则因邻近有许多小孩要请人教书，二则父亲嫌家里房屋太大，住了太寂寞，于是就在家里设起书塾来。来读的是几个族里与邻家的小孩。中途忽然有一位朋友要找父亲去替他帮忙，为了友谊与家计，都非去不可。书馆是不能中途解散的，家里又无男子，很不放心，于是就叫我辍学代庖。功课当然是我所教得来的。学生不多，时间很有余暇，于是一边教书，一边仍行自修。家里人颇思叫我永继父职，就长此教书下去，本乡小学校新立，也邀我去充教习，但我总觉得于心不甘。

恰好有一个亲戚的长辈从日本留学法政回来，说日本如何如何地好，求学如何如何地便利。我对于日本留学梦想已久了，听了他的话，心乃愈动。父母并不大反对，只是经费无着。乃遍访亲友借贷，很费力地集了五百元，冒险赴日。

当时赴日留学，几成为一种风气，东京有一个弘文学院，就是专为中国留学生办的，普通科二年毕业，除教日语外，兼教中学课程。凡想进专门以上的学校的，大概都在那里预备。我因学费不足两年的用度，乃于最初数月请一日本人专教日文，中途插入弘文学院普通科去，总算我的自修有效，英算各科居然尚能衔接赶上。在那里将毕业的前二三月，东京高等工业学校招考了，我不待毕业就去跨考，结果幸而被录。当时规定，入了官立专门学校，就有官费的。而浙江因人多不能照办，我入高工后快将一年，犹领不到官费，家中为我已负债不少，结果乃又不得不中途辍学回国，谋职糊口。我的中学时代就此结束了。那时我年二十一岁。

——原载1931年6月《中学生》第16号

夏丏尊 文学家，教育家，出版家和翻译家，1903年到绍兴府学堂读书。

我的中学生时代（节选）

胡愈之

热烈而又奔放的少年时期，惊心而又动魄的时代背景，的确让人热血沸腾，急于在这舞台上一展拳脚，留下自己的身影。胡愈之先生是幸运的，因为他来到了能一窥这处于新世纪转折点的绍兴府中学堂；胡先生更是荣幸的，因为他是这时期任教于此的鲁迅先生的学生。这与他此后能成为著名的社会活动家和革命学者，谁能说没有莫大的关系呢？

一九一一年的阴历正月二十日，我的父亲送我到绍兴府中学堂去投考。清早从我的家——浙江上虞——雇了一只划船，到绍兴府城，已经是黄昏时候了。这是我第一次的长途旅行，因为我虽然已有十六岁了，我还不曾离开过家乡，到三十里以外。

论到我的年龄，早就可以进中学了。亏了我的父亲是一个小地主，我又是长子，所以从六岁上学起，就不曾失过学。在本县高等小学里我读了五年，差不多已修完了现在的初级中学的功课。那时候学制是非常杂乱的。我在高小里，国文是已读熟了《古文辞类纂》里百余篇的选文，数学习过了大代数，历史看完了《御批通鉴辑览》，地理教完了屠寄的《寰瀛全志》，物理、化学、博物、生理都学过了一点。论到我的年龄和成绩，早两年就该进中学了。但因为我自小多病，我的祖母和父亲不放心我离开县城，所以特意嘱托县立高小校的校长，把我留在县校多读几年，直到十五岁那年冬季方毕了业。经我自己再三的要求，我的家庭方允许送我进绍兴府中学堂，这是离开我家最近的一所中学校。

到了绍兴，我们下宿在府中学堂对门的一家木匠店内。府中学堂是旧府学改建的，从前我父亲赴府学应考时，曾在这家木匠店投舍，所以有一点相识。这木匠店主是一对老年夫妇，有小孩数人。款待我们非常殷勤，后来这老年木匠成了我的救命恩人，这且待以后再说。

现在我先说当时绍兴中学的情形。这时候的学制，每一府城设一中学堂。绍兴府中学堂是为绍属八县而设的。清朝末年改变中学学制，分为文实两科，各四年毕业。绍兴中学的较高几班是用旧制，不分文实科。只有两年级有实科一班，一年级有文实科各一班。当时只要投考及格，各级都可插班。清末虽废科举，对于学校毕业生，仍给予功名出身。小学毕业的作为秀才，中学毕业的作为举人。但必须从头修完功课者，方有功名出身，中途插班者不给。我在小学时常看些《新民丛报》、《浙江潮》、谭嗣同《仁学》一类的书报，幼稚的头脑里已装满了民主革命思想，对于功名出身，全不放在眼里。所以我决意投考实科二年级，因为一则插班可以减少一年修业时间，二则我自信学力可以考入二年级，三则我对于数理科格外有兴趣——虽然我出中学后因种种关系，早就把我所爱好的数理科丢了——进实科二年，最为合算适宜。但我的父亲却抱着不同的主张，他以为插入二年级，丢弃了将来的功名资格，甚为可惜。不过我的父亲在当时也已沾染了一些革命思想，对我的要求，倒也并不坚持。他只说要去信和我的祖母，叔父商量后再定。在三天中我的叔父却来了两封长信，一定叫我投考文科一年级，他说，我家"累弈书香"，十余代"读书种子"，断不能"弃文就实"，究竟是功名出身要紧，多读一年书，不算什么。并且说如进二年级，捐弃功名，祖母也极不以为然。经我叔父的竭力主张，我的父亲也劝我投考文科一年(似漏"级"——编者)。为了此事，我费了无数口舌，和父亲争持。终于是我得了胜利，我在实科二年级报了考，而且居然以第一名被录取了。

进了中学以后，因同级同宿舍的有几个老学生，是我小学的同学，大家都相识，所以也不觉困苦。实科二年级的功课非常繁多，用的课本都很艰深。不过我因为在小学里已经学过了许多种中学的科目，所以除英文以外，都不感到十分困难。我在小学中已养成了习惯，往往爱看课外读物，或者写游戏文章。进了中学还是如此。那年绍兴府中学堂的学监是周豫才先生，就是后来用鲁迅的笔名写文的那位著名作家。他在我们这一级，每周只授生理卫生一小时，但在学校里以严厉出名，学生没有一个不怕他。他每晚到自修室巡查。有两次我被他查到了在写着骂同学的游戏文章，他看了不作一声。后来学期快完了的时候，一天晚上我和几个同学趁学监不在，从学监室的窗外爬进屋子里，偷看已经写定的学生操行评语，鲁迅先生给我的评语是“不好学”三个字。这可以想见我在中学时的荒懒了。

在府中学堂上学期，我所经历印象最深的，只有两件事，即剪辫发与闹风潮。大家都知道一九一一年是清朝最末的一年，那年上半年，革命虽未发动，排满的空气已到处弥漫。绍兴又是革命策源地。在不久以前被清廷捕杀的革命党徐锡麟、秋瑾都是绍兴人。那时绍兴府中学堂的校长(?)先生和学监周豫才先生，都是日本留学生，学生们都知道他们两人是和同盟会及徐锡麟有过关系，虽然逢着圣诞日，他们都戴上假辫发，率领学生向万岁牌跪拜，但学生都明白他们是革命党，是不得已而为此，因此都对他们起了敬意。当时清政府对于革命势力的镇压，虽然没有象(现在用“像”)近时那样严密，但对于革命党人，拿住了便杀头，对于告密的人，升官奖励，这种情形，在清末便如此。绍兴因闹了几次的党案，所以就地官员防止革命运动，非常出力。因此府中学内不得不格外谨慎。虽然如此，十余岁的中学生是天不怕地不怕的。他们不会想到杀头的恐怖，只会想到革命的壮烈。他们心目中，都相信皇帝一定是要被推翻的，、一个新世界将要到来。这新世界的内容如何，都含糊的很。我在绍兴府中学的那年上半年，忽然来了一个剪发运动。没有人知道是谁提倡起来的。许多高年级的学生把辫发剪了。当时校外剪发的人还很少。剪了发的人是要被认作乱党看的，乱党就有被杀头的资格。所以学生家长都反对剪发。但在学生中间，不愿剪发的人往往被看作无用懦弱，被人家称作“拖猪尾巴”。因此这剪发成了学校中的大问题。后来学校中出了布告，说学生剪发，可以自便，学校不加干涉，但如因剪发而引起校外纠纷，发生危险，学校不能负责。在我看来，这布告是赞成学生剪发的，因为如果学校不赞成剪发，便可以一律禁止，现在如此说，不过是避免家长的诘责而已。我在当时，自然是热心剪发的一个。可是家庭方面却来了几次警告，说如果我剪去了辫子，便永远不许回家。我是弱者，没有反抗家庭的勇气，因此只好暂时保留发辫，忍受“猪尾巴”的奇辱……

上学期匆匆过去了，我通过了学期考试，在家过了暑假，又回到校里。我满想平安修完了中学的学业，但下学期到校还未满两星期，便病倒在床上，热度非常高，已失了知觉。府中学堂虽有一名校医，却不常到校。同寝室的同学以及舍监都不知道我病重，把我丢在寝室，没人理会。这一回是亏了对门的老木匠。平时他常来校看我。这次他来看我时，我几已不省人事。他非常着急，马上替我雇了一只划船。亲自把我抱下船，在船里我全无知觉。半夜到了家，忙请我的堂兄，一个医生诊治，到天明方才有些清醒，以后算是渐渐救活了。据医生说，再迟一天，我是没救的了。所以这老木匠是我救命的恩人。前几年我经过绍兴，已找不到这木匠店和这长厚慈善的老术匠。现在我在这里祝福他。

这一病就病了四个月。伤寒病初愈的时候，身体非常单薄，不能起床，不能阅读书报。每天我要求拿一份报纸来，放在床头阅看。母亲和祖母恐怕我过分疲劳，不许我多看。记得有一次我因为在床上急于想看报纸，乘四面无人的时候，支撑着起床，走到对面父亲的书房里，偷了一份《时报》来，没有回到床上，因没气力，便倒在地下了。这时候我为什么急着要看报纸呢？因为这时正是一九一一年十月，上海来的日报满载着各地起义反正的大字新闻，清室推翻了，黎元洪在武昌做都督了，各处都挂着白旗了。这些惊人的消息，使病后的我感到无限的喜悦与兴奋。最使我快慰的，是当我病愈起床的一天，一家人约定着一齐剪下辫发，从前反对我剪发的父亲和叔父，现在自己也剪下辫子。我自己呢，却不必再剪发了，因为我经了一场大病早就脱去了满头的头发。

第二年春初，我已完全痊愈，而且成了新共和国的人民了。如再进绍兴府中学，因缺了半年的课，非留级不可，我不愿意，我当时忽然做起出洋的梦来，想读好英文，考清华学校去，因此我便进了杭州的英语预备学校。这学校算是专门学校程度的.我这太短促的中学生时代从此便闭幕了。但是至今我还怀想着这热烈奔放的少年期，我痴心盼望这紧张兴奋的一九一一年时代重又到临。

1931 年 5 月 5 日于上海

——原载 1931 年 6 月《中学生》第 16 号

胡愈之　著名作家、社会活动家，具有多方面成就的革命学者，曾任全国人大常委会副委员长。1911 年考入绍兴府中学堂。当时鲁迅在绍兴府中学堂任教。

鲁迅先生率领府中学生参观南洋劝业会记略（节选）

吴耕民

内容导读

鲁迅先生自1910年任教于绍兴府中学堂，虽然只工作了一年时间，但给师生们留下了难忘的印象。他热爱教育事业，深受学生的欢迎，在这短短的任教时期，留下了不少广为流传的事迹。

吴耕民先生印象最深刻的，便是1910年秋，两江总督端方正在南京举办“南洋劝业会”。消息传到绍兴，鲁迅就建议府中学堂把这一年的秋季远足改为赴南京参观“南洋劝业会”，以扩大学生眼界，增长实际知识。鲁迅这一倡议，很快得到府中师生的赞同。那时，绍兴府中学堂有32个教职员和220个学生，除了留校照看或有其他特殊原因未能去的外，约有近百位师生启程赴宁参观。府中师生在南京参观了大约一个星期，收获很大。参观结束，仍由鲁迅带队循原路回到绍兴。这次赴宁参观，打开了学生们的眼界，让他们接触了实际，增长了知识。

总之，七十年前十多岁的中学生，因交通不便，株守乡里，无法远行，正如井底之蛙，所见极少，电灯、煤气灯、电筒、电车、火车、汽车、大轮船、铁路、公路（那时叫马路）……甚至黄包车也未见过。大家互相谈论时，叫电灯为“自来灯”，天黑不用火点即亮，天明不必口吹就灭，不怕风吹雨淋，我想来想去，想不出理由，误认为电灯似和人一样有知觉的，能天黑来，天明去！因此当时老师教物理、化学，涉及到电，我听了莫名其妙，凭空胡思乱想，理论脱离实际，想不出办法得到一个初步概念，更不必希望

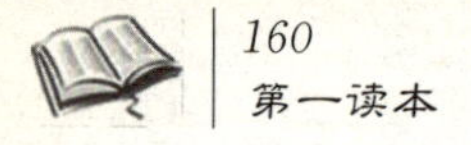

能融会贯通了。

鲁迅先生见广识高，深知此中真理，认为学生要学懂科学必须接触实际，见到实物，才能心领神会，所谓“百闻不如一见”，确是至理名言，不但物理、化学课要理论联系实际，即使是国文、图画、历史、地理等也须出去接触实际，才能完全领悟，作文或发言减少错误。乃于1910年秋建议学校，那年校章所规定的秋季远足旅行改为参观南洋劝业会，以扩大学生眼界，增益实际知识。由于路远，需费较多，要求要去的学生每人交纳银元十元，其余不足之数由校补贴。当时银元十元，不是小数，筹措不易，但大家因机会难得，不去后悔莫及，我也向家中说明理由寄到银元十元，就交到学校同去参观了。

去时由鲁迅先生领队，还有几位老师和工友协助，先自绍兴坐大船一夜到萧山西兴渡江，在杭休息一天。翌日上午乘火车到嘉兴下车，转坐小火轮一夜到苏州，再上火车直达南京。这是因为当时上海南北两站尚未接轨，上海又是英、法、日等外国人的租界（即殖民地），一切由洋人管理，我们要从南站下车，经过租界列队行走到北站，须经洋人所设巡捕局批准，谈何容易，且即使能批准，几百个不懂世务，从未出过远门的小青年，走进繁华的十里洋场，正如刘姥姥进大观园，样样新奇，目不暇接，东看西望，拖沓缓行，不仅有人会落伍失散，且电车飞驰，不知避让，有被碾死之虞。鲁迅先生考虑周到，为了我们的安全，不肯冒此危险，决定取道嘉兴至苏州，则可不经过中国的外国地界所谓上海租界了。但我们年青（现在用“轻”）不懂事，还认为火车坐得太少，又不能到上海一看，引为遗憾！

在嘉兴上船后，有两位同学上岸大便，忽见轮船开动，来不及上船，就吓得魂不附体，在岸上追赶，正如和轮船赛跑，但人跑终不如机器转动前进快，一忽儿见不到这二个同学了，大家十分慌张，束手无策，鲁迅先生一面叫我们镇定勿闹，一面叫司机开船至税关检查处暂停，派二位工友上岸去寻这两个同学赶快回来上船。如果来不及上船，叫工友陪他们坐火车到苏州再同行去宁。其后这二个同学就在岸上不远，被寻找回来，船尚在税关未开，就下船同行。一场虚惊，就此告一段落，皆大欢喜！由此可见鲁迅先生对同学爱护关心，我们大家相约，此后一路前去，一定要听先生的话，切勿乱跑乱动，随便离队，所以此后直至回校，平安无事。

自苏州到南京当时火车行驶甚慢，约需七小时，所以在苏州上午坐车，至南京下关已万家灯火齐明了。这样慢的火车我还怨坐车时间太短，尚未能满足好奇欲望。因当时内地交通如宁绍一带，当以脚划船为最快，划船靠两脚撑，火车有蒸气（现在用"汽"）机推，一慢一快，相差极大，我以划船来衡量火车的快慢，所以当时坐的虽为"老爷式"的火车，我仍觉其快如飞，和现在坐飞机的感觉一样。

在火车中我见到有几个外国洋人和我们坐同一车厢，他们见中国的西瓜子，甚以为奇，买了一包试食，但不知用齿啄开瓜子壳，取其仁来吃，而用小刀来剖开瓜子壳，一不小心，把手切出了血，中国人看了不禁发笑。我在乡当时听老人说，外国人很聪明，能造洋枪机器……，中国人远远不及他们，见到这样刀剖瓜子的笑话，我觉得西洋人杀鸡用牛刀，愚笨之处亦甚多，中国人的智慧何尝劣于洋人，或反有过之而无不及，这点对我自卑感的消除，是大有帮助的。

闲话少说，言归正传。车到南京下关，已到了目的地，即相偕下车，在站上排队，抬头一看，见到狮子山的山坡上有用电灯排列成的约一米见方的大字五个"南洋劝业会".……这对未曾见过电灯的年青（现在用"轻"）小伙子，正如入了梦境，天下竟有这样光明照耀的大字，几百双小眼远望着这几个大字，被它吸住了，即使让我们看到天明灯灭，也不厌其时间太长，大家齐声称赞，好极！妙极！鲁迅先生真好，领我们到此旅行，真不虚此行！车站排队而后由鲁迅先生带领步行至城内丁家桥劝业会所指定的浙江招待所住宿，因人数众多，铺草席地而卧，棉被各人自带，尚觉舒适。招待所与会场正门近在咫尺，每日到各馆参观极方便。我们除白天自由参观外，最喜夜游，因为夜间电灯齐明，而尤以会场正门口彩牌楼电灯特别多，和校中一间屋两盏火油灯，一明一暗，相差何止天壤，生平从未见此灯，一见真是百看不厌，舍不得离开，过去对电灯自来自灭的幻想，这次见到电灯有关和开的装置，这大疑问也解决了。

鲁迅先生交友很广，到了南京就遇到了许多朋友，有一位徐季龙先生，绍兴人，与鲁迅先生为老友，他乡遇故知，倍觉亲切，他不但对鲁迅先生招待热情，对我们也很殷勤，临别因他在江西馆工作，每人送江西细瓷茶杯一只，上刻“南洋劝业会纪念”，下刻“徐季龙赠”。我们得此杯后，视同至宝，爱不释手。感激之余，都说如果鲁迅先生不领队来，哪里会有人送我们这样好的纪念品呢？

到南京参观劝业会为期共约一星期，正值秋高气爽，天天晴朗无雨，真是使我们几百个小青年心旷神怡，其乐无比！短短几天，增加了不少知识，真是一行胜读十年书！参观毕仍由鲁迅先生领队循原路回校。大家除庆祝一帆风顺，胜利完成参观外，都说绍兴井底蛙已由鲁迅先生带队游过汪洋大海了！……

我回忆幼年在校时，老师曾出过一国文题《铁路国有论》，叫我做一篇论说文。我因当时年幼，未曾见到火车和铁路，对铁路丝毫没有概念，想来想去，认为天下岂有用铁做路的，如果用铁造路，不但所费不资（现在用“赀”），且铁硬而滑，冬太冷，夏太热，反不如绍兴的石板路或泥路为好。至于“国有”二字，在专制皇朝时代的小伙子，更是莫名其妙，不知其含义为何，这样静坐二小时交白卷了事。从南京回到绍兴，才知铁路行火车的情况，这题目再叫我做，我至少可以写，铁路是用枕木和铁轨造成，火车行于其上，疾驰如飞，瞬息百里，较划船快得多……，不会再交白卷了。所以一切事物不和实际接触，取得感性认识，往往胡思乱想，不易正确理解。……我至今还认为那次旅行对我一生学习科学，是一个启蒙学习，童年得此真理来自实践，百闻不如一见，百见不如一试的实地参观教育，一生可以运用，得益非（现在用“匪”）浅！

我写至此，回忆鲁迅先生对学生和蔼可亲，绝不训斥，谈话幽默，富绕（现在用“有”）趣味，循循善诱，诲人不倦，真是我童年最好的老师！

1978 年 12 月 11 日

吴耕民　我国著名园艺学家，园艺教育家。中国近代园艺事业的奠基人之一，1910 年进入绍兴府中学堂，得鲁迅教诲。

省立绍兴中学

陈桥驿

陈桥驿先生出生在绍兴的一个书香门第，他之喜爱读书，既是受家庭熏陶，也是自身兴趣使然。他精通英语，担任过浙江省外语翻译组组长，又先后出版了《水经注研究》《水经注疏》《郦道元与水经注》等25部郦学专著，被公认为中国当今的郦学泰斗。如此博学多才，原因自然是陈桥驿先生博览群书，虽逢战乱，也能自学成才。读书足以怡情，足以傅彩，足以长才，此言得之。

台儿庄大捷以后不久，绍兴中学附属小学主任孙礼成来到我家，这是他对我祖父——他的老师——的尊敬，也是对我——他的学生——的关心。他带来一个好消息，从来不招插班生的省立绍兴中学，今年暑期各班级都招插班生。这是省教育厅的命令，因为经过一年战争，浙西沦陷，许多学生逃到浙东，所以浙东各校都应该招插班生。虽然名额很少，但是他认为我是有希望的。另外还有一种"借读生"，浙西沦陷区学生，凭原校转学证书，可以在浙东学校"借读"。这当然也是教育厅的一种应急措施。另外他又说，今年暑期绍兴中学要招收高秋一新生，绍中从此成为一所完全中学了。

这件事引起了祖父的高度重视，他叮嘱我复习功课，以"务必考入"一言作为他对我的殷切希望。我隐约发现，他对此相当焦急，唯恐孙子考场失利。但我的想法是，逃了一年难，我已经损失了一个学年。现在报考秋二插班生，我其实已在承天中学念过一个月秋二了。有什么理由不录取呢？祖父为了让我有时间温课，他的家教显著减少了。但我的兴趣仍然是念英语。主要是《英文短篇小说选》与《纳民文法》。另外又弄到开明英语第三册，这是初三的课本，但内容较浅，如安徒生《皇帝的新衣》之类，每一课我都读得能背。县立图书馆照常开门，我又作了他们的常客，再次借回《胡适文存》细读，我对此书的印象很深。祖父给我的大字本《资治通鉴》读起来不便，我在旧书摊用很便宜的价钱弄到一部石印本，我开始读，而且很感兴趣，因为好像是读故事一样。

祖父对我这一时期不温一年级的课不以为然。常常说"有备无患"这句话。但是我却认为有什么好备呢？考二年级总是一年级的功课，而一年级的功课我不是很熟了吗？终于挨到了暑假，并且看到了绍兴中学的招生广告，父亲立刻到承天中学拿出了转学证书，去绍兴中学报了名。又是一个大热天，这次我倒是吸取了教训，因为这一年恰逢我四叔祖的小儿子投考一年级新生，我请他代看了自己的考场和座位号码。

考试的那天一早去了绍兴中学，还是像当年一样，宽广的校舍中人来人往，但这一年学校的注意力集中在高秋一新生方面。我到校不久，父亲接着来了，他还是不放心。一直等到钟声响起我进了考场以后他才离去。因为祥和钱庄与绍兴中学很近，上午考毕后，他一直在校门口等我，这一天是到钱庄吃的中饭，比回家要少跑许多路。下午考试结束后回家，祖父、父亲和刚刚从丽水回家探亲的四叔父都已在家里等候。我自己感到考得很顺利，心里轻松，祖父提出的要求是，把考场上写的作文再回忆写出来让他看看。我实在认为这是很不必要的事，但为了让他满足，就把《抗战一年的回顾》这篇时令文章写了出来，为了匆匆交差，和考场中的原文或许已有出入，记得文章的第一句是"一年以前，宛平郊外的炮声，引发了我们期待已久的神圣抗战"。四叔立刻欣赏这一句，他说我不用"卢沟桥的炮声"而用"宛平郊外的炮声"，就是出手不凡。单凭这一句，我就必然录取。但父亲随即提出不同意见，因为他是为我报名，并从那里打听到一些消息的。他说插班生录取的名额很少，而且上头有命令要照顾浙西沦陷区的学生，要录取是很难的。考试有这么多门功课，单凭一篇作文是不好算数的。要看另外几门的成绩。此时，他居然还埋怨我，说我在这几个月中温课不用心，看闲书。他竟把我读英语、看《胡适文存》和《通鉴》之类，都作为“看闲书”。于是祖父说话了，他首先批评父亲“看闲书”的话，他说：《三国》、《水浒》才是“闲书”，怎能把阿均读的书叫作“闲书”呢？其实，我当时就认为《三国》、《水浒》也不是“闲书”，而且我实在也都看过了。祖父接着说，这段时期，我确实没有在温课上多下功夫，但这也说明我胸有成竹，从这篇作文来看，四叔的话是有道理的。反正已经考过了，就等发榜吧。祖父虽然赞赏我，但对于我在其他几门功课上考得怎样，还是并不放心的。

大概是三天后的一个下午，我记得是个滂沱大雨、雷声隆隆的天气，祖父从电话公司打来电话，告诉我：你录取了，初秋二插班生录取了五人，你是第一名。他又说，这是你父亲自己到绍中看榜后打电话告诉他的。他只打电话给祖父，却不打电话给我，不知是什么想法。接着，雨过天晴，祖父和父亲都回来了，四叔和五叔、六叔也都在家，大家都非常高兴，对我是一片称赞之声。其中四叔的话，回忆起来颇有哲理。他说，他对这位“侄大爷”的“稳操胜算”是毫不怀疑的，全家差不多都这样，心有疑虑的唯独老三（指父亲）。父亲还想辩解一下，但四叔立刻指出，虽然祥和离绍中很近，但毕竟是堂堂经理大人，为什么要自己冒雨打伞去看榜呢？为什么不叫一个职工去看呢？说明唯恐儿子榜上无名，失了经理的面子。当时父亲显得颇窘，还是祖父打圆场。祖父这一天实在很兴奋，当着父亲和几位叔叔说，阿均在读书之事上，今后可以势如破竹。现在绍中办了高中，要我初中毕业后就进绍中高中，高中毕业后就上大学。大学毕业后说不定还可以和福元（应为“源”）（指孙伏园）一样到外国去走走。

这是他第一次吐露对我的希望。当时我只知道他是个有功名的举人，在亲朋之间很有名声，社会地位也很高。虽然我早已听到过“长毛举人”的话，但是并不知道他在科场中所遭遇的无妄之灾。对于此事，如五叔祖后来告诉我的，父亲和几位叔叔，也是不知底细的。所以我后来回忆，这天下午或许是他当年科场横祸以来最得意的一天。

暑假以后，我终于进了省立中学，从时间上说，由于逃难，我吃亏了一年，班上有些同学也是从绍中附小来的，他们在小学里比我低一年，但现在我与他们同班了。不过我对此毫无自卑感，因为虽然辍学一年，我自学的东西不会比在学校里少。在绍兴这样一个古老城市里，学校里的学生原来是相当稳定的，所以省立中学很少有招插班生的需要。经过一年战争，情况就不同了。除了几位插班生以外，班上还有不少休学（也是因为逃难）后复学的，二年级到三年级，由于日机轰炸，同学又有变化，流动性显得很大了。我插班进入初秋二，全班有近五十位同学，后来比较活跃的是金尧如，但当年叫金德明，也是从附小来的，所以我早已认识他。他初中毕业后进了稽山中学，后来进了暨南大学，以后成为一位进步学生，加入了共产党。金尧如在香港《文汇报》当领导，1980 年代前后调回内地，曾调派当过中华书局的领导，后来又回香港。他是浙江省政协的常委，当时我也当常委，曾经见过一次面，彼此还认识（2004 年 1 月上旬，车越乔先生从香港挂来电话，金已在美国谢世）。

初秋二的下学期，又来了一位插班生戚松根，是从上虞春晖中学过来的，功课很好，也很活跃。初秋三上学期，来了一位休学而复学的吴翊如，功课很好，并写得一手好字。戚松根后来以杭州教育学院副教授退休。吴翊如由于一点“历史问题”，1950 年代起颇为坎坷，幸因宋云彬的介绍到北京中华书局当编辑，后来退休回家。这两位同班同学，都与我同年，而且是至今仍有往来的同学，这实在是很难得的。记得 1991 年，浙江省立绍兴中学联谊会为已故老校长沈金相（铸颜）出《沈金相先生纪念集》，当年校友包括在大陆、台湾、美国等地的，都热诚地参与此事，书成以后，联谊会要我写序。我在学校时实属晚辈，但因为是纪念大家崇敬的老校长，只好勉为其难。我在序中提及了感慨很深的几句是：

所有在此执笔濡墨的人，多是古稀上下的老人，他们受校长熏陶之时，还不过二十岁左右，离开师长以后，在人生道路上又走了四五十年，有的一帆风顺，有的道路坎坷，但是大家都做出了一番事业，对人类社会有所贡献。

1997年4月，绍兴一中（前身是省立绍兴中学）举行绍兴中学百年校庆纪念大会。因为我被安排坐在主席台第一排，台下不少老校友看到了我。散会后有好几位校友与我谈及我所写的那篇序。他们不仅都说自己“道路坎坷”，而且说据他们的见闻，这四五十年间，校友中多数都是“道路坎坷”，“一帆风顺”的能有几人？言谈之中，我也不禁回忆到我在“牛棚”中的遭遇，确实感慨系之。所以后来中华书局出版我的《吴越文化论丛》，我也把这篇序收入在内，作为我在省立绍兴中学的一种纪念。

我进入绍兴中学初秋二的这个学期，日军虽然早已侵占杭州，但绍兴情况还算安定，除了空袭警报时大家躲入各级附近的防空壕（现在用“壕”）以外，社会和学校的一切运作都比较正常。学校显然把主要力量放在这年新办的高中部之中，其实就是高秋一一班。此外，由于简易师范部有四年级（师秋四），他们也排入高中部，但这一班并不受重视。当时全校名师都讲高秋一的课，英文周有之，国文姚轩卿，数学石雪岑。上头派来了军事教官华正浩，他们穿的是学生军装，我们（包括师秋四）穿的是童子军装。全校对这一班都很羡慕。

与承天中学相比，省立中学的教师阵容当然强大而完整。每一门课，都由正牌大学毕业的专业教师担任。全校还有好几位省内有名的名教师。初秋二幸运地由周有之担任英文课，他是中央大学毕业的，教学方法的确与众不同。每次上课首先是提问，要学生用英语回答。接着是做笔译练习，他讲一句中文，学生随即笔译，然后他指定哪一位起来朗读译文。最后花不多的时间讲课文，用的是《开明英语读本》第二册。讲课文的时间虽短，但由于第二天上课要提问，所以大家在课后都会用心去念。他讲课没有几天就发现了我，是因为一次提问。这次提问的内容是刚刚学过的安徒生童话《卖火柴的女孩》，我早已读得会背，所以对答如流，他当班大加表扬，他教这一班英文直到初中毕业，我们的关系一直很好。我在上述为老校长纪念集所写的序有几句话提及：

> 譬如到国外讲学，不仅讲课要用英语，指导学生的讨论和一切日常生活，也得用英语，外国学者到我的研究室进修我还得兼任翻译，我在英语方面的写作、翻译、口语能力，很多也都是从中学时代的英语老师那里学得的。

这里所说的“中学时代的英语老师”，主要指的就是周有之。当然，尽管省立中学的教师显然优于私立中学，但是对我来说，实在提不起兴趣。除了英语以外，从来不曾认真地听课温课。但到校不过几天，立刻发现省立中学真正了不起的是它的图书馆。从放在书库外阅览室的卡片柜里就可以知道，藏书实在不是承天中学图书馆和县立图书馆可望其项背的。这里当然不可能像承天中学那样得到进入书库的方便，但我稍有空就到那里抄出我想看的图书号码，因为借阅还是很方便的。除了所有国内名家小说和翻译小说外，这里有一部《万有文库》，有一个专门的目录柜，我确实应接不暇。在阅读报刊的地方，居然有我已经闻其名而没有看到过的《密勒氏评论报》(China *Weekly* Review)。我也生吞活剥地看，而且津津有味。我仍然是午膳生，吃过中饭的时间和下午上课结束以后，我基本上全泡在那里，可读的东西实在太多了。当时，每个单位的工作效率都是很高的，这样一个藏书、很多规模不小的图书馆，只有一位出纳员和一位工友。出纳员是夏志斌，他在老校长纪念集中有文章，知道他后来一直在浙江大学。工友龚顺田，其实也做出纳工作，对图书很熟悉。1960年代初期，他不知从哪里调到杭州大学招待所当工友，就在我们宿舍附近，我与他见面谈了当年绍兴中学图书馆的事，他居然还认识我，记得起我常常泡在那里，也常常向他借书。

当时我并不了解校长沈金相，但是从他聘请的师资队伍和学校的一切措施来看，他的确为学生创造了一个良好的学习环境。省立中学每天早上要升旗，升旗以后有三十分钟的"精神讲话"，由本校教师担任，校长总是请几位学有专长的教师为学生讲解一些短小精悍的课题，增长学生的知识。例如周有之所讲《捷克斯洛伐克在上帝的眼皮下灭亡了》，我已在《密勒氏评论报》上看到这篇文章，由于我的英文程度还不够，不能全部理解，他一讲，我就了如指掌了。又如潘之赓讲《伟大的葛壮节公》，是一篇激励学生志气的乡土人物传。沈梓培讲《关于遗传的知识》，在当时是很新的科学知识，许多同学都闻所未闻。当时，各学校每星期一第一节称为"总理纪念周"，都要集体去礼堂，他常常请一些名流学者来校演讲，例如请当时的孑民美学院院长孙福熙讲"艺术与人生"，请民间文学家娄子匡讲"民间文学研究"等等。在当时，许多学校这一节课的时间往往是浪费的，但他却尽可能地利用时间增长学生的知识。

选自陈桥驿的《八十逆旅》

陈桥驿 著名历史地理学家，1938年，初二插班进入省立绍兴中学，1944年毕业

跋

朱　雯

2017年，绍兴一中建校120周年。120年来，学校延续古城绍兴之文脉，吸收蔡元培“兼容并包”的教育思想和鲁迅“立人”的育人目标，浸润了一代又一代的绍兴人，也培养了一大批“抱定宗旨”“砥砺德行”的世之栋梁。这些一中英杰是我们学校深厚文化积淀的象征，更是学校宝贵的精神财富和教育资源。在建校100周年时，胡观澜、董善耿等老师编写了一本校史资料集《绍中英杰》，该书介绍了42名杰出校友的事迹，是一本弘扬一中优良传统，呼唤一中人求真爱国、再铸辉煌的好书。在此书基础上，学校决定在120周年校庆之际，编写一本反映学校历史传承、吸纳前人思想精华的读本，继往开来，以资当世与后代。

立项后，学校多次组织商讨。从酝酿编书到确定书名和体例前后达八个月之久，期间编写组大小会议开了不下十次。平建树、王芳芳、孙彩凤等老师收集了大量的校友资料，并进行了初步整合和梳理，特别是厘清了这些杰出校友在我校学习和工作轨迹。2016年12月23日，学校组织了校内外专家、退休教师和全体编写组成员举行了编写方案专题研讨会，研讨会得到了绍兴文理学院教授周一农、我校退休教师马星初、傅允真、董善耿等的大力支持。经多方讨论，书名从原来的《绍中英杰》变更为《第一读本》，书的内容也从最初以人物介绍为主体调整为以阅读人物文章为主体。

确定书的定位、名称和体例后，接下来就是选文，这是全书关键。经过讨论，我们确定选文的依据主要是经典性和可读性这两条，力求思想性和文学性的有机统一。大家统一思想、眼界要远，心态要柔，注释要严谨、细致，设问要有科学性、针对性和启发性。编写组和审稿组成员主要由语文、历史两个学科的老师构成。编写组多为青年教师，审稿组多为资深教师。这样的组合确保了选文既有当下时代的跃动，同时也不失历史严谨的底色；确保了设问既呼应了年轻学生的需求，也体现了育人目标的实践。

整个编写过程是学校整体实力和素养的体现，从主编统筹到编写人员各司其职。从程加加老师拿出“样本”到编写组老师拿出“作品”，从年轻老师写稿到资深老师审稿，从一篇文章的去留到一个文字的斟酌……在这一过程中，我们收集整理筛选了大量文献资料，由于历史久远，要找到最可靠最合适的版本殊为不易；我们做了几易其稿的修订工作，在文字间来来回回力求注释严谨细致，设问饱含力量。谢澹和张叠两位副主编各司其职、分工协作。张叠老师勤勤恳恳，事无巨细，协调对接工作保证了编写的顺利进行和计划完成；谢澹老师通稿全书，并与编写老师多次磨稿，保证了编写的质量。可以说，呈现在大家面前的这本书渗透着各位老师在繁忙的日常教育教学之外，艰苦而又甜蜜的付出。今天，这份付出开了花，结了果。

“从何处来”“去往何处”是哲学命题，于人如此，于校也是如此。《第一读本》的编写，是我们爬梳历史的过程，同时也是走向未来的一个新起点。这本书汇集了一中120年历史长河中影响现代中国的几位先驱人物：

徐树兰——中国近代公共图书馆的开创者；

蔡元培——中国近代教育启蒙的先驱、中国现代教育之父；

鲁迅——中国近代新文化运动的先驱；

蒋梦麟——中国近现代著名的教育家，北京大学历史上任职时间最长的校长；

徐锡麟——中国近代民主革命的先驱

……

正是这批先进的中国人，在“教育救国”“科学救国”“民主共和”等思想引领下进行的启蒙和探索，才促成中国向现代社会转型。《第一读本》的宗旨是用百年一中的文化滋养一中学子的灵魂，使学生与一中先贤进行心灵互动。我们希望学生从阅读《第一读本》开始，真正了解母校，了解学校百年的历史变迁，感悟学校深厚的人文底蕴，树立起对一中的文化认同、文化自信和文化自觉。我们也希望学生通过品读这些文章，学习一中先贤和英才们为救国、强国、富国而上下求索，悉心求真的精神，并以之为榜样，努力向学，蔚为国用。

接下来，我想特别感谢一些人。可以说，没有他们，就没有这本书。

第一个要感谢的就是陈翰馥院士。在读本编写过程中，他多次来信、来电关心，还提供了他父亲陈建功和他自己的文章，而这正是我们急于寻找的。陈院士还欣然同意为读本作序，其对母校的深情厚谊让人感动。《第一读本》得以在120周年校庆之际付梓，首先要感谢他。

其次要感谢周一农先生的倾力策划，正是在他的建议下，书名由《绍中英杰》改为《第一读本》。他还全程参与了读本编写，从全书定位，框架建构到编排审核，无一不倾注了他的智慧。可以说，他是全书的学术顾问、总设计师。

还要感谢裘士雄先生，裘老在编写过程中提出了许多建设性意见，给我们提供了许多非常珍贵的第一手资料，特别是对读本的校勘十分仔细，他通过查对《蔡元培全集》《鲁迅全集》等原文，指出选文硬伤，甚至细致到标点。裘老严谨的治学态度令人敬佩，也值得我们学习。

当然，我们也要感谢在绍兴一中这块土壤上曾经留下印迹和此刻正在书写历史的师生，他们共同构成了百年一中的灿烂星辰，也因为他们助力一中发展，使学校在百年风雨中坚强挺立，今天依然年轻。

最后，我感谢支持本书编写、出版的校友和社会各界，特别要感谢选入读本的文章作者们。因一些作者或作者家属还无法取得联系，我们在这里特此申明，如果作者本人或者家属看到本书，请立即与我校联系。

由于资料、时间、水平的限制，书中难免有疏漏、错误之处，敬请读者指正。

《中国·记忆文库》编辑出版说明

“记忆”是一种文化再聚合。《中国·记忆文库》是上海三联书店出版社约请著名文化人、编辑家组织策划的文化项目，旨在将中国历史上、特别是近现代乃至当代时空中闪烁奇彩“记忆”的人与事聚合在一起，以产生新的“文化力”和“正能量”。入选“文库”的图书项目应该具有这样的特征：十年八年，或更长的年月后，当我们回首望，依然能见他们如“标杆”在各自领域挺立，如风帆带领着人们向“理想的海平线”奋进。这种文化的再聚合，是历史前行中的价值积淀；是事物发展中趋向性推进的闪亮轨迹；是一种让人永远充满激情的生命的律动；当然，也是一个民族得以生生不息、代代传承的智慧、梦想和财富。

我们热切地期待这项文化项目能得到社会各界的支持，聚合起更多的文化正能量，凸显中国的软实力。

“中国·记忆文库”编选工作室